JN272980

9割の会社のホームページはなぜ、失敗しているのか?

株式会社アルマジロ 代表取締役社長
平井 周平
SHUHEI HIRAI

はじめに

インターネットが世に普及を始めてから、20年近くの月日が経過しようとしています。はじめは簡単なテキスト（文章）のやりとり程度しかできませんでしたが、瞬く間に世の中に広まると同時に、それまで人類が体験したことのないスピードの技術革新によって、信じられないほど多くのことが実現できるプラットフォームになりました。

ウェブ業界に携わる人や会社も多くなり、技術やノウハウもたくさん蓄積されました。本格的な普及から20年、業界的にはすでに成熟期に入っていると言えます。

それにも関わらず、いまだに「ホームページを作ったが、売上げが伸びない」「アクセス数などのウェブ施策が上手にできない」などのご相談をよく聞きます。

また、インターネット上に溢れるホームページに関する情報は、専門用語が多数使われていて、見るだけで難しそうと感じている方も多くいるのではないでしょうか？

大企業であれば、専任の担当者を置いてホームページ業務を推進できたり、チームで話合いながら進めるなど、まだ環境としては恵まれています。しかし、中小企業の場合、担当者は他の業務と兼任だったり、専任がいても一人だけだったりと、文字通り孤立無援の状態で、ホームページというよくわからない物に立ち向かわなければいけない状況に追い込まれているのではないでしょうか？

実際、本書のタイトルで謳ったように、90％の企業が、ホームページに問題がある、うまく活用できていないと感じているというデータが存在しています。それは、ホームページの成り立ちがまさに日進月歩の技術革新とビジネスモデルの変化によって支えられていることによる業界特有の問題や弊害が存在していることが大きな要因です。

本書で、私はホームページの技術論やテクニックを述べたいのではありません。そのような本は書店にすでにたくさん並んでいるので、そちらを参考にしていただければと思っていますし、そもそも中小企業の担当者が、制作会社と業務を進めるにあたって、そのような知識はかえって不要だと考えています。

そうではなく、中小企業の担当者が「ホームページ担当」に選任されたときに感じる「めんどくさいなぁ」「難しいことをやらなくてはいけないなぁ」という苦手意識を少しでも取り除くことができたらと思っています。ホームページの施策については、よい制作会社を選ぶことができて、その担当者とコミュニケーションをしっかりとることができれば、基本的に何も難しいことはありません。

ホームページの制作、運用についてもっと気軽に考えてください。

・あなたがホームページの知識を持っていなくても、何も問題はありません
・ITの専門用語を知らなくても、何も問題はありません
・デザインのセンスがなくても、何も問題はありません
・パソコンが苦手でも、何も問題はありません

どうですか、少しは気が楽になりましたか？　難しいことは制作会社に任せておけばいいのです。

あなたは、ホームページが変わっていくプロセスを楽しみながら、自社のビジネスのエッセンスを制作会社に伝えるだけでいいのです。

本書では、何となく理解しているホームページというものの本質を正しく理解することで、「ビジネスを円滑に進めるためには、何を優先的に行わなければいけないのか?」を知り、さらにホームページ制作会社がどんな環境に置かれ、何を重視してビジネスをしているのかを理解することで、「制作会社と上手くつきあっていくためのポイントはどこか?」を知ることにポイントを絞りました。そのため、難しい技術論はとことん削除しました。

いろいろなことを頭に詰め込みすぎてホームページのことがわからなくなってしまった方、何度やっても失敗してしまう方、今からホームページを制作・リニューアルしていかなくてはいけない企業の担当者の方にとって、本書が、よい制作会社を見つけて、自社のビジネスで効果を発揮する活きたホームページ運用ができるようになるひとつのきっかけになることを切に願っています。

2014年8月吉日

平井周平

CONTENTS

第5章 ホームページのコンテンツの作り方

第6章 ホームページ制作後の運用とSEO対策

装丁　小松学
本文デザイン　土屋和泉
本文DTP&図表制作　横内俊彦

第1章
中小企業のホームページが失敗する理由

01 ウェブ業界の不都合な真実①
業界が成熟するほど儲からなくなる

企業にとってホームページは当たり前の存在に

インターネットが一般的に使われるようになり、ウェブサイト（一般的にはホームページと呼ばれます）が定着するようになって、すでに20年もの月日が経とうとしています。そして今では、中小企業であっても、ホームページを持っていない会社はほとんどないと言ってもいいほど、一般的なものになりました。

しかしながら、業界的に十分に成熟していてもおかしくないと言えるほどの時間が経っているにも関わらず、全体の99％以上のホームページが有効に機能しているとは言えない状況にあります。また、ホームページを企業活動に利用している中小企業にとっても、私が過去に相談を受けたクライアントの半数以上から、「うまく行っていない」「十分に活用できていない」といったお話をよく聞きます。

では、なぜホームページを取り巻くインターネットのビジネスは、なかなかうまく行かないのでしょうか？　実はその背景には、**ウェブ業界特有の不都合な真実があるため**なのです。

ウェブ業界が発展するほど、儲からなくなる？

インターネットが一般的になるにつれて、ホームページを公開して自社の製品・サービスのことをより多くの人に知ってもらいたいと考える企業が少しずつ現れはじめました。そして、それに伴い、企業から代金をもらってホームページの作成を代行する制作会社や個人が現れはじめました。これがウェブ業界の始まりです。

当初はＨＴＭＬと呼ばれる英語の記号のようなものを直接修正しなくてはならず、専門的な知識を必要としたため、ホームページの制作コストは非常に高くつきました。そのため、ウェブ業界は一気に花形産業へと成長し、そこで働く人ものすごく増えました。その後も、より複雑な画像処理や動画を扱うようになることで、ウェブ業界は順調に発展していったのです。

しかしながら、ウェブ業界は新たな局面に入っていきます。新しい技術は出現するものの、次第に「**より簡単**」で「**より安価**」な方向へと流れ始めていったのです。

たとえば、インターネットで利用する地図は、少し前までは有料で買うのが当たり前でした。しかし、今ではGoogleMapの出現により無料で使えるものに変わりました。

さらに、ホームページの専門知識がなくても、誰でも簡単に制作できるサービスやソフトが出現しました。また、情報を配信するだけなら、Facebookやmixiといった SNSサービスやTwitterのようにリアルタイムで世界中に配信できるサービスが、すべて無料で使える時代になりました。

自動車産業で、最終的に無料で車がもらえるということはあり得ません。しかし、ウェブ業界は、最終的にホームページをタダで手に入れることができるようになってしまったのです。つまり、**ウェブ業界は技術が発展すればするほど、その行き着く先は、サービスを誰でも簡単に使えるようになり、料金も限りなくタダに近づいていく**という業界なのです。

ウェブ業界の不都合な真実、それは**業界が成熟すればするほど、儲からなくな**

ってしまう（最終的にはなくなってしまう）**業界である**ということです。

Point!

技術が発達すればするほど儲からなくなる。
それがウェブ業界である。

02 ウェブ業界の不都合な真実②ホームページを作るだけでは意味がない

多数抱えている制作者がウェブ制作会社を苦しめる？

ウェブ業界とは〝火〟に似ていると私は思っています。

火は人類に革新をもたらした非常に便利な道具です。誰もが火を使えない時代、火を扱えることは非常に価値があったでしょうし、その技術は高く売れた（評価された）と思います。

その後、より簡単に火を扱える道具が発明され、次々と世の中に普及しました。現在は誰でも簡単に火を扱う（手に入れる）ことができますし、あえて言うならば、１００円ライターを買えば、誰でも手に入れることができるようになりました。そして、わずか１００円の価値になった火というものを意識して使う人もほとんどいないと思います。

ウェブも、最終的には火と同じように、誰もが無意識に使う一方で、どんな業種のどんな人にとってもなくてはならない〝道具〟になるのだと私は思います。現在のウェブ業界は、まさにその過渡期にあると言っていいと思います。

そんな中で、ウェブ業界（特にホームページ制作）の入り口に関して言えば、先に挙げた各種無料サービスを利用したり、書店に行って「はじめてのホームページ」といったタイトルの本を読めば、素人でもそこそこのレベルのホームページを簡単に制作できる状況になってきました。

しかし、あまりに変化のスピードが速いため、**実際のウェブ業界では、まだこのような状況に対応できずに困惑している制作会社が多数存在している状況**です。

そもそもホームページの制作案件が減っているにも関わらず、多数存在する競合会社との競争や大きな案件に対応するため、ウェブ制作者を多数抱えてしまっている制作会社が多いのです。しかし、制作価格はすでに暴落しており、以前は100万円ほどしていたホームページ制作費用が今では10万円程度となってしまっています。

しかしながら、ウェブ制作者を抱えてしまっている以上、どうしても制作の案件を生み出さなければいけません。そういったひずみが、ウェブのビジネスがなかなかうまく行かない大きな要因となっているのです。

ホームページ制作第一主義とホームページ活用第一主義

制作自体に意味がないのに、ホームページを制作すること自体を目的にしてしまっていることが「**ホームページ制作第一主義**」です。しかし、実際のクライアントは、ホームページを制作したいのではなく、ホームページを活用することにより、ビジネスをより円滑に行い、そして拡大したいと思っているのです。私はこれを「**ホームページ活用第一主義**」と呼んでいます。

このように、制作のスタート時点でクライアントと制作会社の目的が異なってしまっているのですから、どこまで行っても、本当によいホームページができるわけがないのです。

では、「制作会社は全部ダメなのか？」というと、実はそうではありません。

中小企業がホームページを活用し、効果を出すためには、よい制作会社とのおつきあいは必須です。そして、**ホームページ制作がうまく行くかどうかは、この制作会社の選定と、制作会社とのやりとりの方法でほとんど決まってしまう**と言っても過言ではありません。

ホームページは〝火〟のようなものだとお話しました。火にお金を払う人はいなくなっても、火を使って、おいしい料理を作ったり、物を暖めたりすることの価値はいつの時代も同じです。

ホームページも制作すること自体にはもはや意味はありません。しかし、**ホームページをどのように使い、どのような施策をするのかには、やはり信頼できる専門家が必要**になります。

ホームページは、目標を達成するための1つのツールなのです。

Point!

ホームページを制作すること自体にはもはや意味がない、意味があるのは、ホームページをどのように活用すべきかである。

03 大企業と中小企業では基本的なウェブ施策が異なることを理解する

世に流されている情報のほとんどは大企業向け

インターネットにアクセスすれば、「ホームページの活用法」とか「ホームページの正しい運用法」など、それこそいろいろな情報が出回っています。

このような情報にアクセスする前に、**大企業と中小企業では基本的なウェブ施策の内容が異なるということを、大前提として理解していただきたい**と思います。

なぜなら、出回っている情報の大多数が、大企業向けの施策であって、中小企業向けの内容ではないからです。こういった情報を鵜呑みにして、ホームページを制作・運用していても、多額のお金をかけた割にうまく行かないという結果に陥るだけです。

では、なぜ中小企業向けの情報があまり出回っていないのでしょうか？

その理由はすごく単純です。

「ホームページ活用」という内容の情報を出しているのは、ホームページ関連のビジネスで何かしらの利益を得ようと思っている人々です。

そして、基本的にホームページは1つの会社に1つであり、これは大企業であっても中小企業であっても変わりません。大企業にとってもホームページは1つですから、制作や運用にかけられる費用は大きなものになります。つまり、ホームページの制作やコンサルティングを生業にしている人たちにとって、同じ1サイトを担当するなら、大企業の方が効率的なため、**必然的に大企業向きの話になってしまう**のです。

大企業向け施策は中小企業には役立たない

そういった大企業向けの情報を見ていくと、「ネット広告で集客」とか、「ランディングページ制作で集客」など、やればうまく行きそうな内容になっています。

しかし、そもそも知名度があって固定客を持っている企業の話だったり、そもそも広告費などが記載されていなかったり、200万円かけて300万円儲かった話など、中小企業がすぐに行えるような施策ではないケースがほとんどです。

社員数が数名から数十名の中小企業にとって、現実には月30万円（年間360万円）の広告費を捻出し続けることが難しい会社だってたくさんあるはずです。

しかし、中小企業にだってできる施策はたくさんあるし、「**お金をかけられないなら、アイデアと汗をかけ**」とはよく言ったものです。

いずれにしても、大企業向けの一般的なウェブ施策を鵜呑みにして行っても、うまく行かないことがほとんどなのは、**大企業と中小企業では行うべき施策がそもそも違う**からなのです。

Point!

ウェブ制作会社が流す情報は大企業向け、中小企業には役立たないことが多い。

第2章
ホームページ制作に関する間違いだらけの常識

04 デザインがきれいなホームページが、よいホームページではありません

デザインがきれいという理由だけで選んでいませんか

「どんなホームページがいいホームページでしょうか？」とクライアントの方々にお聞きすると、ほとんどの方が「効果が上がるホームページがいいですね」と仰います。続いて、「では、効果が〝上がる〟とは具体的にどんなことですか？」とお聞きすると、「**商品が売れる**」とか「**問い合わせがたくさん来る**」などの答えをよく聞きます。

そうです、クライアントは、きれいなホームページを望んでいるわけではないのです。

にもかかわらず、現実に制作会社を選定する際に、ホームページの制作実績を見て、「デザインがきれい」という理由だけで選んだり、ホームページのデザイン案ができあがってきた際には、「こっちの方がデザインがきれいだから」という基準で選んでしまっているクライアントが現実にはかなり多いのです。

もちろん人間ですから、カッコ悪いデザインページの会社より、きれいなデザ

インのページの会社を選びたくなる気持ちはわかります。

ただし、この〝きれい〟という判断基準はユーザーごとに異なります。

誰にとっても見やすく使いやすいホームページであることは当然大切ですが、**デザインがきれいなことがユーザーを惹きつける重要な要素には決してなり得ません**。

ホームページはアートではなく、ツール

自社にとってのターゲットユーザー（潜在顧客）に向かって、自社のアピールポイントを伝えられるデザインこそがもっとも重要なデザインです。

したがって、制作会社の実績を見て、「きれいなデザインのホームページ」が多数掲載されているだけの会社を選択するのは大変危険です。

ホームページはアートではありません。役割と機能を持ったビジネスツールで

すので、デザインにも当然意味があって然るべきです。
文字のサイズが大きいのにも、小さいのにも、それぞれユーザーに合わせた意味があります。可能であれば、「どうしてこのデザインなのか？」と制作会社に聞いてみてください。
「きれいなデザインのホームページを作ります」とアピールする制作会社を選ぶことは、あまりよい結果につながりません。

Point!

ホームページは、ビジネス上の効果が上がることが最重要、デザインがきれいかどうかは決して重要な要素ではない。

05 ホームページの効果は、アクセス数だけにこだわらない

中小企業で月間1万アクセス以上は不可能

ホームページの制作やリニューアルについてクライアントと打ち合わせする際、必ず出てくるのが「**アクセス数**」の話です。

アクセス数は多い方がいいに決まっています。しかし、**アクセス数にこだわりすぎると、「何のためにホームページを作るのか」という本質がわからなくなってしまう可能性**があります。

たとえば、書店で売られているホームページへのアクセス数アップに関する書籍を読むと、「月間10万アクセスを獲得して、売上げ倍増！」といった内容が普通に掲載されています。しかし、それを鵜呑みにしてはいけません。

中小企業のホームページの場合、それなりの費用と時間をかけて対策を行わない限り、月間のアクセスが1万以上になるということはまずありえません。

売上げのほとんどをインターネットで上げている会社でもない限り、普通の中小企業が一般的な施策を行う程度で数万アクセスもあるというのは、本当にまれ

な話です。逆に言えば、現在月に500件程度しかアクセスがないとお嘆きの方は、どうか安心してください。ほとんどの会社がそんなものです。**重要なのはアクセスの内容**です。

アクセスの内容を考えよう

アクセスの内容は大きく2つの観点で考えます。

第1に**アクセスの費用**です。

月間500アクセスを獲得するのに10万円使っていますというならば、それは問題です。やり方が間違っています。しかし、何もしていないけれど月に500アクセスあるというのなら十分ではないでしょうか？　その後のやり方次第でいくらでも数値を伸ばすことができます。

第2に**アクセスの質**です。

図表1 アクセス数とアクションの理想的な形

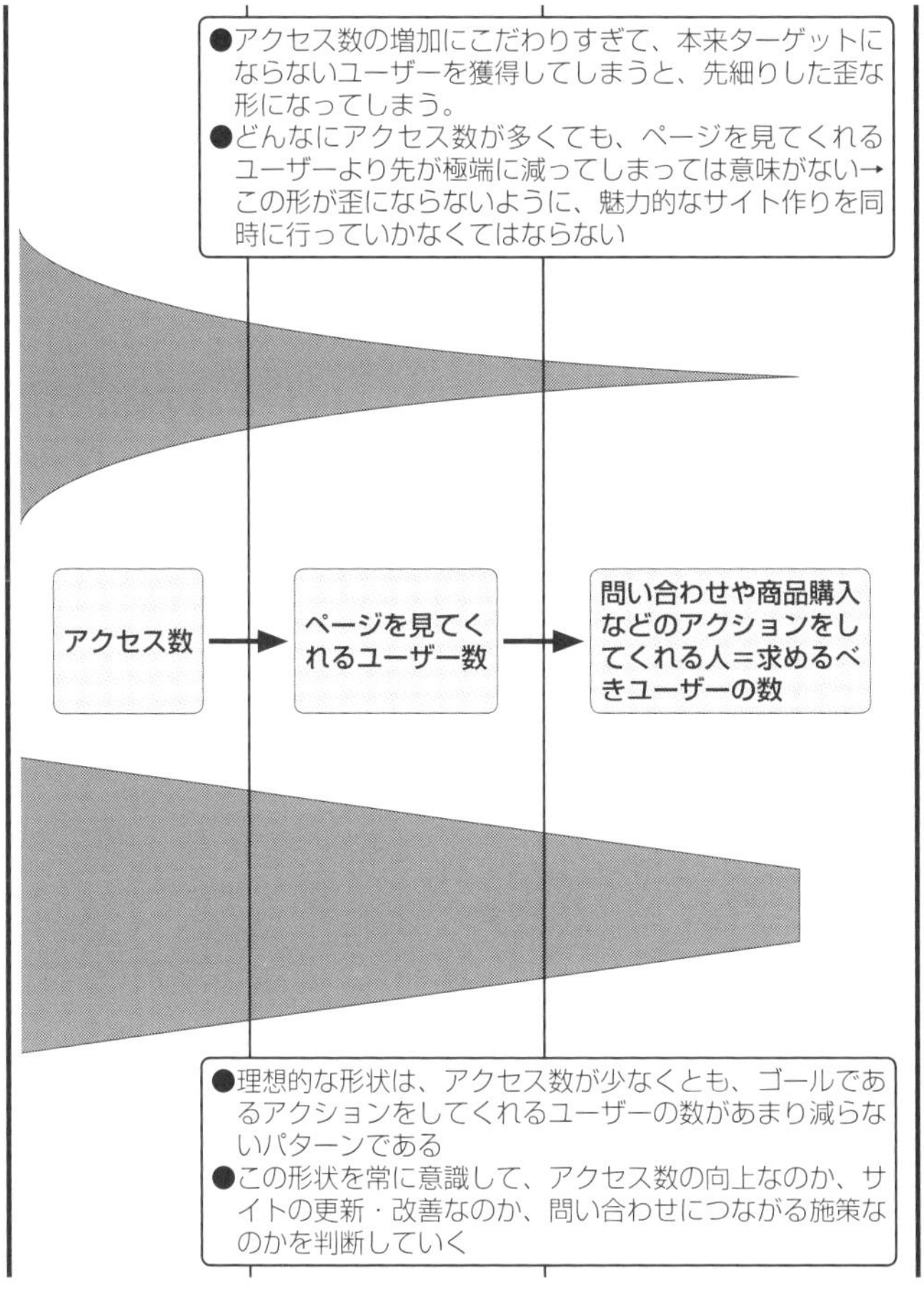

アクセス数が月間500件程度でも、問い合わせが数件あるのであれば、問題ありません。しかし、アクセス数が月間1万件あっても、問い合わせがゼロならば、まったく無駄なアクセスだと言えます。

ホームページの施策において、アクセス数は目に見える数値であるため、客観的にとらえられる指標として重要視されがちです。しかし、アクセス数だけを伸ばす施策は、結果として無駄なコストや無駄なアクセスを生む要因になります（図表1）。

ホームページのゴールは「**自社の潜在ユーザーに的確に情報を売り込むこと**」です。**アクセス数が少なくても、情報が潜在ユーザーに的確に届いていれば問題ありません**。アクセス数増加に欲を出すと、無駄な出費がかかることになります。

Point!

ホームページへの現状のアクセス数を検討する場合、アクセス獲得にかかった費用とアクセスの質で考えよう。

06 一度取得して使用しているドメインは安易に変更しない

ドメインはインターネット上の住所

ホームページを公開するのに必要なものとして、ウェブサーバーとドメインがあります。

ドメインについての詳しい解説は、インターネット上でも書籍でも出ているので、ここでは省略させていただきます。

ドメインとは、簡単に言ってしまえば、インターネットにアクセスする際のURL http://www.abc.co.jp の「abc.co.jp」の部分です。自社のホームページを識別する際に利用するいわば住所のようなもので、現在では多種多様なドメインが存在しています。

ホームページを新規に立ち上げる場合は当然ながら新規に取得しなくてはなりませんが、現在すでに取得して利用しているドメインがあっても、ホームページのリニューアルや大規模改修などの場合、新たにドメインを取得することを制作会社から勧められることがあります。

しかし、よほどの理由がない限り、**基本的にはすでに使っているドメインをそのまま利用した方が得策**です。その理由をこれからお話します。

長い期間使われているドメインほど、検索で上位表示される

実は、Yahoo!やGoogleといった検索エンジンが検索順位を決定する要素のひとつに、この「**ドメインの期間**」があると言われています。

期間とは、インターネット上にそのドメインが存在している期間のことです。つまり、取得して数カ月しか経っていないドメインと数年にもなるドメインを比較した場合、**数年のドメインの方が検索上、有利に働く**ということです。

そして、**この期間はお金で解決することができません**。在籍2年のドメインと同じだけの価値を得るためには、インターネット上に2年という期間存在している必要があるからです。そして、2年経過したとき、先のドメインは4年になり、

追いつくことができません。

このように、長期間大切に使ってきたドメインは、まさに〝お宝〟と言っても過言ではありません。

制作会社がサーバーの運営も行っていた場合などでは、制作会社を変更すると手続きが面倒になるのでドメインを変えてしまったり、新規に取得することを新しい制作会社から勧められる場合があります。しかし、よほどの理由がない限り、それはやめた方がいいでしょう。

ただし、前の制作会社が過度のSEOなどを行ってしまい、検索エンジン側からペナルティなどを受けている場合は変更した方がよいケースもあります。

会社名などで検索しても、なぜかまったく検索結果に表示されないなどの場合はその可能性があります。

その場合は、制作会社がちゃんと調べてくれるはずですから、よく確認してから判断してください。

Point!

ドメインは長く使われるほど、検索で上位表示されるので、
安易に変えてしまうのは得策ではない。

07 ウェブ制作会社は、あなたの会社のビジネスのプロではない

自社のビジネスのことを熟知しているのは発注者自身

中小企業がホームページを作成する際、ほとんどの場合、専任のウェブ担当者が置かれることはありません。

基本的には、営業や総務など他の業務を兼任する担当者が窓口になっている場合が多く、社長自らが窓口というケースも決して珍しくありません。

このようにウェブ担当者は多忙を極めているため、ホームページの制作やリニューアルを外部に依頼する場合、制作会社に丸投げしてしまうことがどうしても多くなります。

しかし、それではよいホームページができあがりません。

ホームページは、営業車やコピー機とは違います。営業車ならクルマのプロに任せておけばいいし、コピー機も業者の方が詳しいので、その選択は丸投げでお願いしても問題ないでしょう。

しかし、**ホームページは、自社のビジネスを表現するツール**です。

制作会社は、ホームページを作成する技術や集客施策などについてはプロフェッショナルかもしれませんが、**ビジネスの肝となる部分については、やはり発注企業側であるみなさんの方が格段に知識が豊富である**はずです。

したがって、ビジネスの内容や商品の知識については、制作会社に教えるつもりで積極的にコミュニケーションをとってください。

いい制作会社なら、その手間を惜しんだりはしないはずです。もっとみなさんの会社の商品知識を吸収したいと向き合ってくれるはずです。なぜなら、クライアントのビジネス背景や意図をきちんと把握したほうが、制作会社としても、結果として手戻り（やり直し）が減り、作業が速く進むからです。

制作会社については、外注先の1つと考えてしまいがちですが、以上述べたようなホームページの本質を理解し、**丸投げにならないようにくれぐれも気をつけてください。**

特定の業界に強いことをアピールする制作会社にも要注意

また、「弊社は不動産会社専門です」と特定の業界に詳しいことをアピールしている制作会社がありますが、こちらも要注意です。

ある業界に特化しているということは、やり方も画一化しているということです。つまり、他社で使ったホームページのデザインやプログラムを販売しているのです。一度使ったり作ったりしたものなので、そちらの方が効率がいいからです。

しかし、他社と同じようなサイトで、本当に集客などで勝てるでしょうか？

数あるウェブサイトの中で埋もれないためには、オリジナリティが必要です。何も奇をてらったようなデザインである必要はありませんが、**ビジネス上での優位性やプライオリティを自社なりに出さなければ、いい結果には結びつきません。**

中小企業に求められるのは、**他社との差別化**です。1つの業界だけに特化しても、うまく行かない理由です。

Point!

ホームページをウェブ制作会社に丸投げするのは危険。
ビジネスの重要な部分は発注者として積極的に関与する！

08 社内のウェブ担当者がウェブの勉強をする必要はない

技術を学んでも役立つことはほとんどない

ホームページ制作の仕事を新規に行うことになったとき、「私もウェブ担当になったからには、本格的にウェブのことを勉強しようと思いまして」と言って、「初めてのホームページ」や「初級HTML」といったタイトルの本を買い込んでいるクライアントの担当者に出会うことがあります。

ウェブに興味を持って勉強していただくことはもちろん無駄ではありません。しかし、クライアント側の担当者としてホームページを会社のビジネスにうまく生かしたいということであれば、**残念ながらこれらの知識はほとんど役に立たないと思います。**

たとえば、クルマを買うとき、エンジンの組み立て方を勉強する方はほとんどいないと思います。

実は、「初めてのホームページ」や「初級HTML」といった本を読むことは、このエンジンの組み立て方を学んでいるのとほぼ同じなのです。せっかく勉強するのであれば、「クルマの運転の仕方」＝「**ホームページの効果的な運用の仕方**」を学ぶことをお勧めします（もっとも、書店でホームページ関連の本を探すと、どうしても前者の本が多数を占めているように思われ、仕方ありませんが）。

また、ちゃんとしたウェブ制作会社に仕事を発注するのであれば、運用面もサポートしてくれるはずです。

ウェブ技術よりも、業界研究のほうが大切

私がクライアントの担当者にお勧めするのは、**自社のサービスについてしっかりと業界研究をしていただく**ことです。

ホームページに関することは、ウェブ制作会社の方が詳しいのは当たり前ですが、各業界の情報はクライアントの方がよく知っているはずです。

制作会社は通常、こういった業界情報やクライアントのサービスの優位性など

をヒアリングしてページの構成を考えるはずです。しかし、こういった情報が不十分ですと、どうしてもページ構成などが甘くなってしまいます。

制作物をレビューする際に、「タグはどうなっていますか？」とか、「CSS（ホームページのレイアウトを定義する規格）はどうなっていますか？」などとウェブの構造について聞いてくる担当者に限って、自社の強みや弱みなどをお聞きしても、まったく答えられないということが多々あります。

よいホームページを作成することは、自社のサービスを正しく認識し、制作者に伝えることだということを忘れないでください。

Point!

発注企業の担当者に求められるのは、自社のサービスの正しい認識とそれを制作会社に伝えられるスキル。

09 ウェブサイト制作を社内で行うことは、デメリットの方が大きい

毎日更新するのでなければ専任は不要

ホームページの制作やリニューアルを行う場合、社内にウェブができる人材を雇い入れて内製化していくという話をよく聞きます。

大企業のように、更新作業がほぼ毎日発生したり、複数のサイトを運営しているのであれば、内製化のメリットはあると言えるでしょう。

しかし、そのような状況にない**中小企業でウェブ専任の社員を抱えることは、メリットよりもデメリットの方が大きい**と言えます。

一般的な中小企業の場合、一人分の人件費に相当する制作コストを必要とする更新や改修の作業があるとは、考えにくいです。

また、その専任社員一人だけに頼ってウェブ構築を進めていくのは、不確定要素（技術面や急な退職の可能性など）が大きく、大きなリスクを伴います。

なぜなら、ウェブの業界では新しい技術がどんどん発生しており、ウェブ会社と異なり、多くの制作者やエンジニアと交流を持てない企業内ウェブ担当者が、来

年も同じように有能でいられる可能性はきわめて低いと言えるからです。

中小企業なら外部の制作会社をうまく使おう

前述したとおり、中小企業の社内ウェブ担当者は、兼任担当である場合がほとんどです。他の業務が忙しくなってくると、ホームページがとりあえず公開されている状況に甘えてしまい、どうしてもウェブの更新が後回しになってしまう可能性が大きくなります。

実際、現場の業務が忙しいことを理由に、ホームページの保守管理がほとんど行われておらず、放置状態になってしまっているケースを私は何度も目にしてきています。

自社で管理しきれない、新しい技術に対応できない、毎月の人件費が負担となるといったリスクを考えたら、**外部の制作会社に発注して制作・更新していくほ**

うがうまく行くと言えるでしょう。

Point!

中小企業がウェブ専任社員を雇うのはリスクが高い。
外部の制作会社をうまく活用しよう。

10 1つのページであらゆるユーザーを取り込もうとするのは失敗の元

中途半端なポジションのホームページがもっとも嫌われる

中小企業のクライアントと製品ページの制作を進めていくとき、「ターゲットユーザーは誰ですか?」とお聞きすると、「ざっくりと20代から40代の女性」などという答えが返ってくる場合が結構あります。

確かに、製品として、幅広いユーザーに支持されること自体はいいことですし、ホームページを作成する際に、「どうせ制作するのなら、より多くのユーザーを取り込みたい」というクライアントとしての気持ちもわかります。

しかし、知名度の高い大手企業ならともかく、知名度の低い中小企業の場合、幅広いユーザーを取り込もうとする行為は、実際は多くの広告宣伝費がかかりますし、それだけ競合となるページ数も増えることを意味します。

インターネットの世界で、ユーザーにもっとも嫌われるのは、中途半端なポジションのホームページです。インターネットを利用しているユーザーは「検索」という道具を使って、いつでも自分にとって最適なページを探し求めています。

たとえば、20代のＯＬが肩こり解消グッズを探そうとすると、「女性のための癒しグッズ」ではなく、「20代ＯＬのための癒しグッズ」のページを探しているでしょうし、「癒しグッズ」より「肩こり解消グッズ」のページを探そうとします。幅広くユーザーを取得しようとして、「癒し系グッズ全般」などとしてしまったら、それこそ楽天やヤフーといった総合ＥＣサイトで探しても同じということになってしまいます。したがって、**ターゲットを絞り込んだページでなければ、効果を上げることが難しい**ということになります（図表２）。

中小企業の成功のポイントは「絞り込み」

しかし、逆に言えば、ここに中小企業でも大企業と勝負できる可能性があるとも言えるのです。

今、中小企業で成功しているホームページは、**このピンポイントのニーズにフ**

図表2 カタログ(紙)とホームページの盛り込む内容の違い

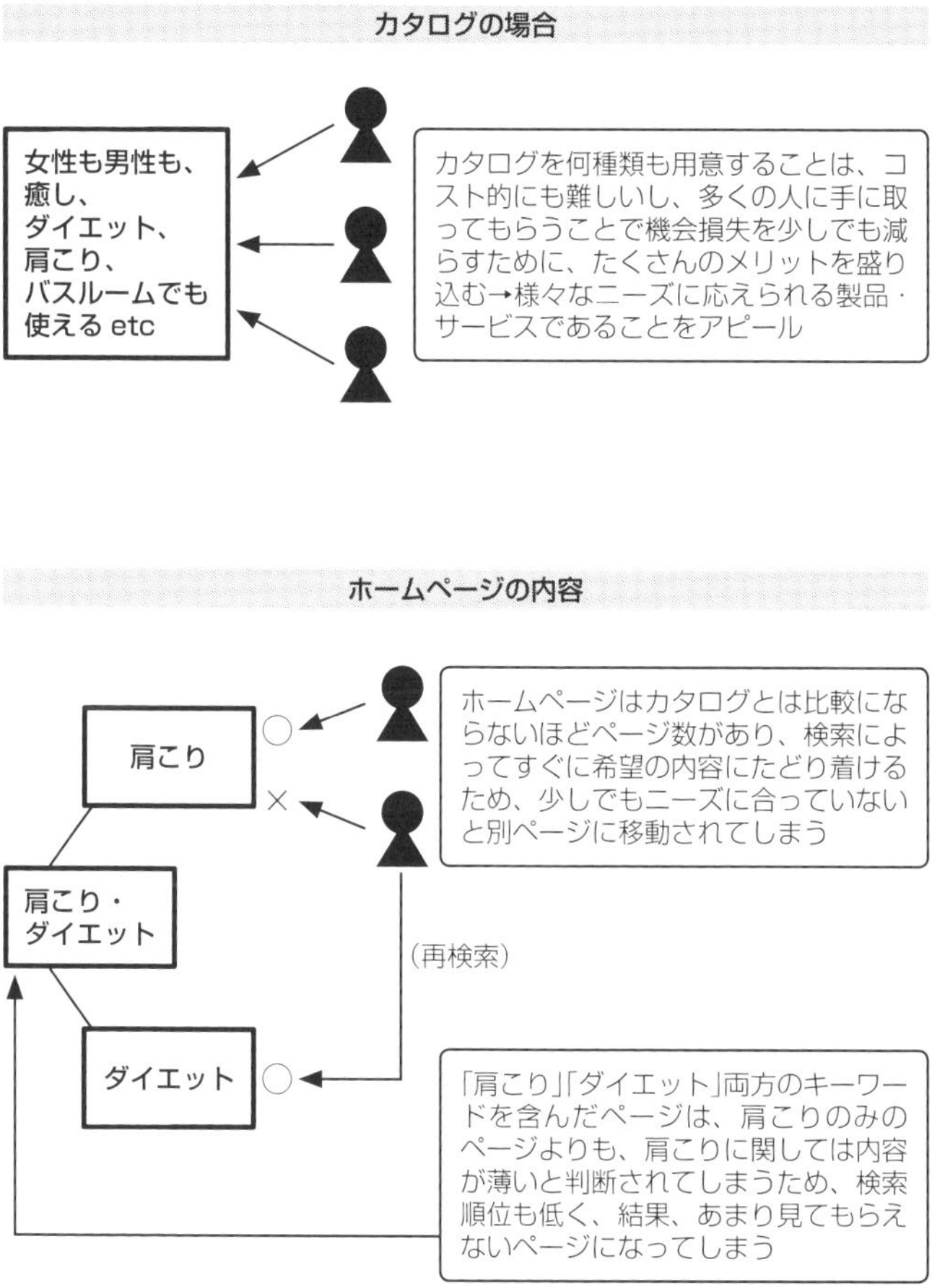
カタログの場合
女性も男性も、
癒し、
ダイエット、
肩こり、
バスルームでも
使える etc
カタログを何種類も用意することは、コスト的にも難しいし、多くの人に手に取ってもらうことで機会損失を少しでも減らすために、たくさんのメリットを盛り込む→様々なニーズに応えられる製品・サービスであることをアピール
ホームページの内容
肩こり
○
×
ホームページはカタログとは比較にならないほどページ数があり、検索によってすぐに希望の内容にたどり着けるため、少しでもニーズに合っていないと別ページに移動されてしまう
肩こり・
ダイエット
(再検索)
ダイエット
○
「肩こり」「ダイエット」両方のキーワードを含んだページは、肩こりのみのページよりも、肩こりに関しては内容が薄いと判断されてしまうため、検索順位も低く、結果、あまり見てもらえないページになってしまう

ォーカスし、商品やサービスのページをしっかり作り込んだサイトばかりです。
もし、幅広い層を取り込みたいのであれば、それぞれの年代別にページを作成することをお勧めします。そうすることで、ユーザーがより自分に合ったページを選択することで取りこぼしがなくなります。どうしても複数のページに分けることが難しいのであれば、「ユーザーの声」などのコンテンツを立てて、各年代ごとのユーザーレビューをそれぞれ載せてください。そうすることで、ユーザーに正しく**自分にとって有用であるということ**を認識してもらえるようになります。
間違っても、「広く浅く」という考え方はやめましょう。

Point!

中小企業のホームページ施策の大原則は「ターゲットを絞ること」。1つのホームページで「広く浅く」アピールすることはやめよう。

第3章
ホームページ制作の進め方と注意点

11 ホームページ制作では、計画フェーズが最も重要

制作会社探しよりも先にやるべきことがある

自社のホームページを新規に作ったり、リニューアルを担当することになった場合、あなたなら何から始めますか?

とりあえず制作会社を探してみようと思ったのであれば、よいホームページを完成させることはなかなか難しいと言えるでしょう。

よい制作会社を探したり選ぶことはもちろん大切です。しかし、それ以前に**自社内で考えをまとめておくべき事項がたくさんあります**。本章では、そのような事項について説明します。

「計画」「作業」「見直し」の中で「計画」がもっとも重要

ホームページを作ったり、リニューアルしたりする場合、全体のプロセスは大

きく次のような3つのフェーズに分かれます。

①「計画フェーズ」
②「作業フェーズ」
③「見直しフェーズ」

外部の制作会社の助けが必要となるのは、①の「計画フェーズ」の最終段階からになります。したがって、「計画フェーズ」の大部分は、自分たちで実施することになります。

また、全体のフェーズのうち、この「計画フェーズ」の占める割合は全体の80%程度になります。したがって、この**「計画フェーズ」の出来不出来によって、ホームページの全体の完成度がほとんど決まってしまう**と言っても過言ではありません。

また、外部の制作会社を使わないこの「計画フェーズ」は、もっとも費用がかからないフェーズでもあります。

自分たちでできることは自分たちですることで、品質の高いホームページが完成するだけでなく、費用もかなり安く上げることができます。

Point!

ホームページの制作・リニューアルのプロセスの中で、もっとも重要なのは外部制作会社探しの前の「計画フェーズ」。

12 ホームページのリニューアルをする前に、現在のホームページを見直そう

リニューアルのヒントは現在のホームページにある

ホームページをリニューアルする際、いきなり新しいホームページの構想をゼロから考えようとする人がいます。しかし、それは大きな間違いです。

ホームページというものは、作成する側と、使う側（ユーザー）の双方のニーズを満たして初めて意味のあるものになります。

ホームページをリニューアルするからには、必ずその「**目的**」があり、それを達成するためにクリアしなければならない「**課題**」が存在しています。

その課題を知る上でもっとも大切なのが、「**現在のホームページを見直すこと**」です。

制作を専門の会社に依頼するのであれば、現在のホームページの課題探しなどは、プロにお任せしたくなるところです。しかし、各企業が抱えている問題や取り巻く環境なども、1つとして同じことはありません。専門の制作会社であっても、それぞれのクライアントごとに最適解は異なるということです。

また後で触れますが、一般にホームページは、**一度公開して反応を見ながら改善していくことがもっとも大切な作業**になります。結局、時間と労力とお金を使うのであれば、スタート時点で少しでも最適な状況に近づけておいた方が効果が高まるわけです。

つまり、各企業が置かれている状況や環境、抱えている問題点を知る上で、現在のホームページから得られる情報は、まさに宝物のようなものなのです。きちんと見直して、新しいホームページの制作に役立てていきましょう（図表3）。

アクセスログなどを見ればユーザーの関心がわかる

現在のホームページの見直しをどうやればいいのかわからないという方もいるかと思います。しかし、アクセスログがあれば、1カ月間にどの程度のアクセスがあるのか、よく見られているページはどこなのかぐらいはわかるでしょう。

図表3 ホームページ・リニューアルのアプローチ

よくある間違った進め方	正しい進め方
予算とリニューアルすることを決定	リニューアルすることを決定
↓	↓
制作会社決定	社内にて、現在の問題点やリニューアル目的を決定
↓	↓
どんなホームページにするか検討	リニューアル内容を各制作会社に伝えたうえで、ベストな提案をしてもらえる制作会社と、公開後のサポート・更新方法を含めて検討
↓	↓
リニューアル終了	制作会社の決定
	↓
	制作会社と詳細のヒアリング
	↓
ホームページのリニューアルを目的にしてしまう悪い例。予算も制作会社も決まってからホームページの内容を決めてしまっては、やれることが限られてしまう！	リニューアル終了
	↓
	保守・運用

アクセスログがなくても、通常の業務で受ける電話やメールなどから、ユーザーが必要としている情報は把握できるはずです。現在のホームページでそれらがすぐにわかるところに表記されているかなど、本当に客観的にわかる範囲で構わないので、少しでも多くの情報を整理しましょう。

結局ホームページを利用するユーザーの大半は、素人なわけですから、**素人の目線こそがもっとも大切な情報になる**のです。

信頼できる制作会社であれば、制作依頼時にこのあたりのヒアリングを必ず行うはずです。先に行っていて無駄になることはありません。

制作会社に対しては、ついつい「お任せで」とか、「いいものを提案してよ」と言ってしまいがちですが、それではよいホームページは完成しません。

Point!

ホームページのリニューアルを行うには、まず現在のホームページの見直しを徹底的に行う！

13 自社の強みをきちんとまとめてから、ホームページ施策を始めよう

自社の強みをホームページで明らかにする

中小企業がビジネスを行う場合、「**自社の強みを理解して戦略を立てる**」ということは基本中の基本だと言えます。しかし、ホームページの制作を行う場合、この基本がすっぽり抜けてしまっているクライアントが実際に多いと言えます。

実際、インターネットを見てみても、「この会社は一体何が売りなのか？」「どんな特徴がある会社なのか？」がまったくわからないホームページが多数アップされています。

「とりあえずネットにホームページを上げておけば、問い合わせが来るだろう」「きれいなホームページを作成すれば閲覧されるだろう」などと考えているのであれば、「それは大きな間違いです」とはっきり言えます。

みなさんが一ユーザーとしてホームページを見る場合をイメージしてみてください。なんとなくネットサーフィン（ホームページをブラブラ見て回る）などしている場合を除いて、目的もなく閲覧することはないはずです。

「もっと安い商品を探す」「もっと使いやすい商品を探す」「便利なサービスを探す」「近くの美味しい店を探す」といった目的に応えられること、すなわち「自社の強み」がホームページ上できちんとわかりやすく記載されていることが重要なのです。

この**自社の強みを明確にし、ターゲットユーザーを絞っていく**ことで、初めてホームページの基本方針を検討することができます。

ホームページのデザインよりも強みを優先させる

仮に、この強みを検討せずに、なんとなく「きれいでおしゃれなホームページを作ってください」と制作会社に依頼したとします。

大変きれいでおしゃれなホームページがその結果、できあがったとします。しかし、自社の最大の強みが「価格」だった場合、そのおしゃれできれいなホームページに価格が安いことをアピールしたとして、果たしてユーザーに御社のよさを正しくアピールできるものでしょうか？

はじめから価格が強みとわかっていれば、おしゃれさより価格の安さをイメージできるデザインやコンテンツ（価格比較表など）を前面に押し出したホームページを制作することができると思います。

このように、ホームページを制作する前に、「**自社の強みをまとめる**」作業を必ず行ってください。

Point!

中小企業にとって、自社の強みを打ち出すことは基本中の基本。ホームページを制作するときもそれを意識しよう。

14 自社のビジネスにおけるホームページの役割を明確化しよう

ホームページの役割と目標はなるべく具体的に決める！

新規に制作するにせよ、リニューアルするにせよ、**これから作ろうとするホームページの役割を明確化させる**ことが重要です。

なぜなら、ただ何となく会社のホームページを制作してみた場合、最終的に紙の会社案内と同じになってしまう可能性があるからです。

仕事を請ける側の制作会社としても、紙の会社案内や商品パンフレットを渡されて、「これでホームページを作成しておいて」と言われれば、どうしても文字と画像を読みやすく配置したホームページを作成せざるをえません。

ホームページの役割を明確化する際、「新規ユーザーの獲得」といった大まかな目標よりも、「競合A社の製品ユーザーに対して、自社の製品に興味を持ってもらい乗り換えを促進する」といった目標設定のほうがベターだと言えます。同じように、「新入社員の採用を増やしたい」という漠然とした目標よりも、「大学もしくは専門学校卒業の理工学系男子の採用を増やしたい」としたほうが、より目標が明確で確実なページ制作を行うことができます。

たとえば、競合A社の製品のユーザーを自社製品に乗り換えさせたいのであれば、製品比較表を作成したり、「他社比30%改善」などのキャッチコピーを掲げ、A社製品の問題点を調べ、「当社の製品ならその問題点を解決できますよ」といったアピールを行うなど、目的や役割が明確になれば、より具体的なホームページ制作を行っていくことができます。

具体的に決めておかないとやり直しが続くことに

逆に、ホームページの役割を決めずに制作していくと、制作段階で「あれも追加したい」「これも変えたい」など、ページの一部分を見てやり直しが続き、最終的に何が重要なのかわからないページができあがってしまうパターンが多くあります。手戻り（やり直し）が多い分、制作コストもかさみ、効率的なページ制作を行うことができません。

このように、**ホームページの役割をより細かく、より具体的に決めることで、効率的なホームページの制作が可能になります。**

Point!

ホームページの役割を事前に具体的に明確にしておかないと、制作作業が非効率的になる恐れがある！

15 社員にも使ってもらえるホームページを制作する

なぜ社員に使ってもらえるホームページを目指すのか

どうせコストをかけてホームページを制作したりリニューアルするならば、顧客だけでなく、**「社員にも使ってもらえるホームページ」**を作成するべきです。

大企業の場合、もともとベースとなるアクセス数がある程度ありますが、中小企業の場合、サイトを公開しただけでは1日数件しかアクセスが得られないといったことはごく普通のことです。

したがって、ＳＥＯ対策やＳＥＭ（リスティングの施策）などを行なって、初期のアクセス数を伸ばしていく必要があります。しかし、最近では、有料の広告なら1アクセスで数百円という場合もあります。仮に1アクセス１００円とした場合、１日１００アクセスで1万円、30日だと30万円にもなります。中小企業にしてみたら、大きな出費です。

社員がアクセスすることで一石二鳥

ホームページは、単純にアクセス数が多いことが評価されるわけではありません。しかし、少なくともアクセス数が少ないホームページより、アクセス数の多いホームページの方が評価を受ける仕組みになっています。

それならば、**お金をかけてアクセス数を買わなくても、社員が使ってくれるホームページを作成することでアクセス数を向上させれば、ビジネスにも活用できることになり、一石二鳥**です。

社員数が20人の場合、全社員が1日2回閲覧すれば、1日40アクセスになります。1カ月で1200アクセスを無料で獲得できるのです。

営業マンが外出先で自社製品を紹介するパンフレット代わりに使うことができたり、会社の営業日カレンダーでも、新着情報に会社のイベントを載せてもいいと思います。

社員が使える（使いたくなる）ホームページを作成して、少しでも活用できるホームページを目指しましょう。

Point!

ホームページを制作したり、リニューアルする場合、自社の社員にも使ってもらえるページ作りを考える！

16 ホームページの予算取りは、点ではなく、帯で考える

なぜ更新されないホームページが多いのか？

ホームページの本質を正しく理解すれば、**更新することがいかに重要なのか**がおわかりいただけると思います。

更新作業はある一時の作業ではなく、期間をもって継続して行う作業です。したがって、当初の計画を立てる際に、予算は点ではなく〝帯〟で考えなくてはいけません。

現在ホームページが放ったらかし状態になってしまっているのなら、思い出してみてください。

最初は結構な予算を使ってホームページを作成し公開したが、2〜3カ月待ってみても反応がなく、アクセスが伸びなかった。制作会社に相談してみたら、アクセス数を伸ばすには追加で費用がかかるとか、ページの更新をするのにも費用がかかると言われ、結局更新しなかった。

このように、更新しないから閲覧も増えないし、閲覧がないから更新もしない

という負の連鎖に陥ったのではないでしょうか？

残念ながら中小企業の9割のホームページは、こうしてほぼ使われていない状態に陥っているのです。

いい制作会社に当たらなかった、ホームページで集客できる業界ではない、などと言い訳していませんか？　私からすれば、**ただ更新していないだけ**です。

更新されていないホームページはかえって逆効果

最初から更新する予定がないなら、ホームページなど作らない方がいいと私は思っています。なぜなら、更新されていないホームページはホームページをきちんと運営できていない会社として、24時間世界中に悪評をばらまいているのと一緒だからです。

このようなことにならないためにも、予算は必ず帯で考えてください。

たとえば、制作予算が80万円あるなら、まず44万円でホームページを制作し、毎月3万円を1年間運用費に当てて更新した方が、ずっと結果が出せるようになるはずです。

Point!

ホームページは更新が命！
予算をきちんと確保して、まめな更新を心がけよう。

17 集客は一番最後に行う

アクセスしてもらった後のことが大事！

ホームページを制作して公開する作業が行われると、早速アクセス数の話が出てきます。

アクセス数は、「**ホームページにどれだけの人が来ているのか＝集客**」を意味する数値ですから、もっとも重要な数値の1つであることは事実です。

しかし、ホームページの目的を、自社を知っていただくこと、自社の製品やサービスを正しく理解していただくこと、あるいは問い合わせや商品購入などのアクションを起こしていただくことだとしたら、アクセスされるだけではNGだということがわかります。

アクセスしてきたユーザーにホームページの各ページを見てもらうため、わかりやすく魅力のあるページ作りを行えていることが重要ですし、問い合わせや商品購入までの流れがわかりやすく整備されているかどうかも重要になります。

大企業の場合、ページの整備を計画的に行うことができ、かつ過去のデータからユーザーの傾向などもつかめているので、アクセス数の向上がそのまま結果へ直結することになります。しかし、中小企業の場合、ページの内容が不完全であったり、問い合わせや商品購入への導線がまだ曖昧であるにも関わらず、集客にばかり目が行ってしまう傾向があります。

実際にウェブ上に数多く存在する中小企業のホームページを見ると、わかりにくかったり、問い合わせがしづらい、もしくは問い合わせしたくなるような要素が少ないページを散見することができます。

集客を考えるのは最後でいい！

大切なのは、ホームページのトップページにアクセスさえすれば、各ページに掲載されている商品やサービスの理解が進み、問い合わせしたくなるページが完成しているかどうかです。これができてから初めて集客を考えてください。

図表4 集客の施策

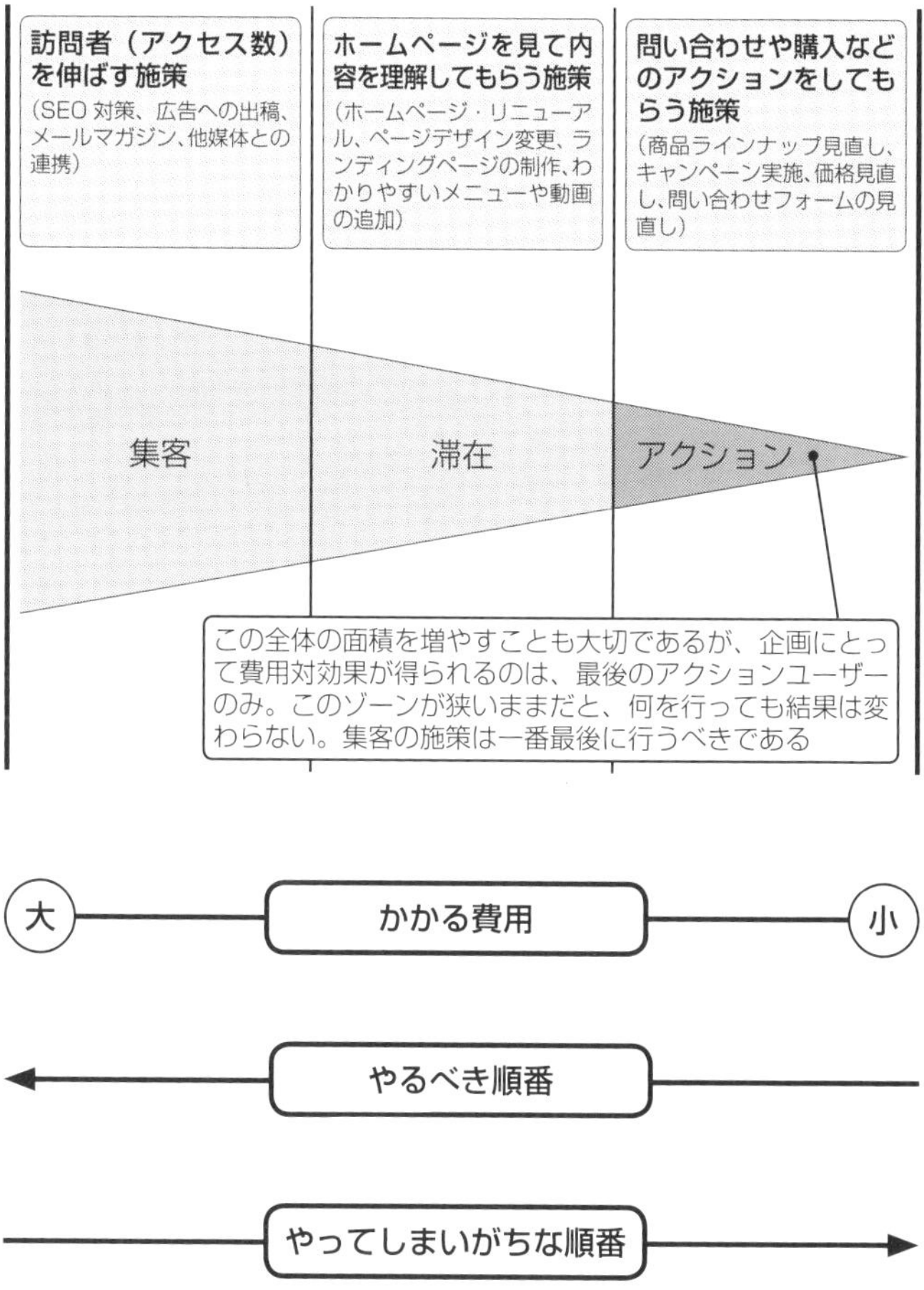
訪問者（アクセス数）を伸ばす施策
（SEO 対策、広告への出稿、メールマガジン、他媒体との連携）
ホームページを見て内容を理解してもらう施策
（ホームページ・リニューアル、ページデザイン変更、ランディングページの制作、わかりやすいメニューや動画の追加）
問い合わせや購入などのアクションをしてもらう施策
（商品ラインナップ見直し、キャンペーン実施、価格見直し、問い合わせフォームの見直し）
集客
滞在
アクション
この全体の面積を増やすことも大切であるが、企画にとって費用対効果が得られるのは、最後のアクションユーザーのみ。このゾーンが狭いままだと、何を行っても結果は変わらない。集客の施策は一番最後に行うべきである
大
かかる費用
小
やるべき順番
やってしまいがちな順番

なぜ、集客は一番最後に考えるのか?

それは**一番お金がかかる**からです。せっかくお金をかけて集客しても、問い合わせや商品購入に至らなかったら、中小企業にとっては大きな痛手になってしまいます。

また、広告費を使わないにしても、普通に検索エンジンなどからやってくるユーザー数は中小企業の場合、本当に限られます。

数少ないユーザーを取りこぼしていたら、効果など見込めるはずがありません。

集客は一番最後に行うことを忘れないでください。

Point!

ホームページへのアクセス数増加施策はもちろん大切だが、それ以上にアクセスが結果に導く流れを作ることが重要!

第4章

ホームページ制作会社の選び方とつきあい方

18 ホームページ制作をリースにするのはやめた方がいい

ホームページは制作後の運用が重要

よく目にするホームページ制作会社の宣伝文句の1つに、「初回の制作費用無料、月々定額のお支払い」というものがあります。

一見魅力的ですが、制作コストを毎月リースで支払っていくのはやめたほうが無難です。なぜなら、**ホームページは公開した後の運用こそが重要**だからです。

運用を進めていくために毎月費用を払うのは当たり前のことですが、制作は完成してしまった時点で終わりです。どんどん陳腐化していってしまうものに2年も3年も費用を払い続けることになり、まったくもってお金の無駄です（図表5）。

これに対し、制作会社によっては、「更新についても、対応できるシステムがありますので、そちらをご利用できます」と言うところもあります。

しかし、気をつけなければいけないのは、**「更新できること」と「更新すること」には、大きな開きがある**ということです。

「更新できる」とは、逆に言えば、更新しなければ更新されないということです。

図表5 リースを使った場合のホームページ制作

本来なら

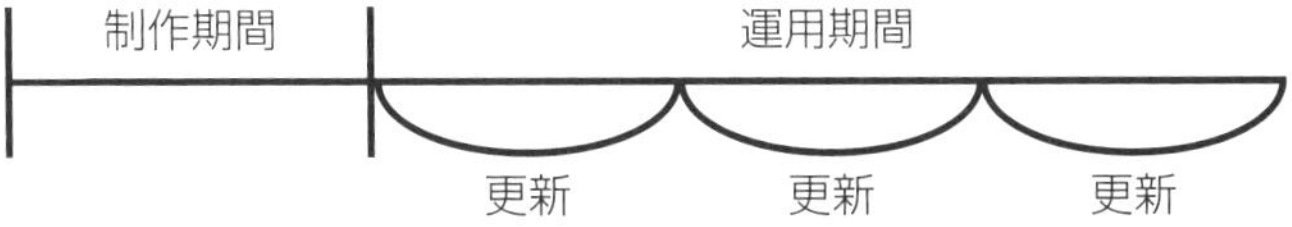

定期的に見直しと改善を行うことで、活用されるホームページとなる。制作費よりも更新費にコストをかけるのが本来あるべき姿

リースの場合

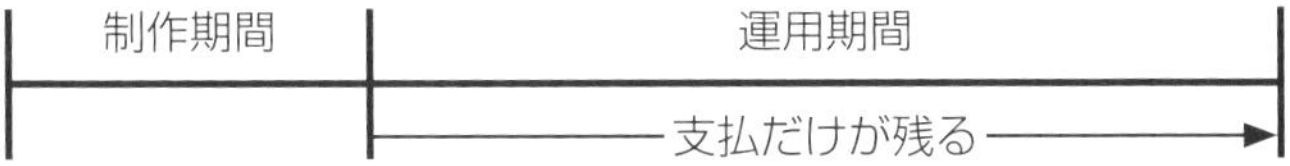

ホームページは、制作するのは準備段階で、運用に入ってからが本番。リースの場合、準備段階のコストを運用期間に支払うことになるので、ホームページの施策としてはもっともダメな状態になる

そして専任のウェブ担当者を持たない中小企業の場合、ほぼ１００％に近い割合で更新されることはありません。忙しい業務の中でコンスタントにホームページを更新していくことができるでしょうか？　ほとんどの場合、はじめの数カ月で更新は止まってしまいます。

同じ費用をかけるなら更新作業に払う！

したがって、運用面を任せられる制作会社と一緒になって、**コストをかけてでもきちんと更新運用していくことが、ホームページにとってもっとも重要なこと**なのです。

もし、毎月費用を払うのであれば、更新作業をする制作会社にお支払いください。リースでのホームページ制作はトラブルの元になりますので、お勧めすることはできません。

Point!

ホームページは開設後の運用が重要!
制作費をリースで払うのは意味なし!

19 距離が近く定期的に訪問してもらえる制作会社を選ぼう

ホームページの運用では、制作会社の定期的な訪問が重要

ホームページ制作会社を選定する場合、最近ではホームページ上で一括見積もりがとれるようなサイトが普及したこともあり、制作会社が地理的に近いかどうかはあまり重要視されないようになってきました。

しかし、はっきり言って、制作会社はなるべく自社の近くにある会社を選んだ方がよいと思います（実際にはフットワークが軽く、遠方でも訪問してくれるのであれば問題ありませんが）。

確かに電話やメールなどを使えば、遠距離でも打ち合わせや納品まで問題なく作業を行うことは可能です。

しかし、名刺や看板などと違い、ホームページは運用して初めて意味のあるものになるのです。

ホームページが完成してからも、更新を順次進めていかなくてはなりませんし、クライアントのビジネス環境も常に変わっていくはずです。

そういった変化にスピーディに対応していき、また、電話やメールを使った打ち合わせだけではキャッチできないクライアントの情報をこちらから収集して提案につなげていくことを行うためには、**定期的な訪問が重要**になってきます。したがって、**距離が近い制作会社を選ぶことは非常に重要**なのです。

定期的な訪問を受けるためには距離の近い制作会社を選ぶ

たとえば、クライアントからAという商品のページを追加してほしいと、データと写真が送られてきたとします。そのデータを使ってページを制作することはもちろん可能ですが、実際におうかがいして内容を確認してみたところ、Aという商品にはBとCという新ラインナップが存在し、来月発表する予定であることがわかりました。クライアントは来月BとCのページを依頼する予定だったのですが、同じラインナップであれば、A、B、Cの3商品をひとつのブランドページにまとめてみることを提案した結果、納期も作業スピードもアップし、一般ユーザーにもアピールできるページを作成することができました。

もし直接訪問していなければ、3つの製品ページを1つずつ順番に作成し、後でブランド化しようと思った場合、すべてやり直しになる危険性がありました。

見積り額が100万円を超えるような大規模なホームページ制作を行うのであれば、制作会社も交通費を使って訪問してくれるでしょうが、小規模なホームページの場合、制作会社にとっては交通費や時間が負担となるため、顧客が遠距離の場合、訪問したくてもできないという結果になってしまいます。

クライアントにとっても、制作会社にとっても、互いの負担を減らし、より質の高いサービスを受けるために、距離が近い制作会社を選定することは大切です。

Point!

ホームページ開設後の運用を効果的にするために、定期的な訪問ができる距離の制作会社を選ぼう!

20 あまりに社員数の多い制作会社は避けたほうがいい

制作会社の経費のほとんどは人件費

タイトルだけ見ると、社員数の多い制作会社を否定しているようですが、そうではありません。

「社員数が多い＝規模が大きい」会社には、多くのクライアントがいるはずですし、制作の経験も豊富です。

スタッフをたくさん抱えているのでサポートが充実しているでしょうし、なにより会社がつぶれにくいので後々安心です。

しかし、**中小企業が費用をなるべく抑えながらよいホームページを作成したいのであれば、このような社員数の多い制作会社に依頼するのは、避けた方がよい**と思います。

なぜなら、ホームページとは、すべてハンドメイドのオリジナル品だからです。

もし、普通の商品を販売するような業種であれば、大きな会社の方が大量仕入れでコストも下げられるでしょうし、販路も多数持っているので、商品のバリエーションやサポートの面でも行き届くというスケールメリットを出せると思います。

しかし、ホームページは1社ごとに基本的にすべてハンドメイドで制作するので、本当にクライアントにフィットしたページを制作したいというのであれば、流用できる部品はごくわずかです。しかも、仕入れなどもほとんどありません。したがって、制作会社にとっての経費のほとんどは「人件費」ということになります。

人件費はそのまま制作費に反映される

社員数が多い制作会社は、作業が分業制になっていることがほとんどです。デザイナーや営業だけでなく、コンサルタントやアートデレクターに始まり、ウェブ広告を管理するリスティングマネージャーと呼ばれる人たちまでいます。

多額の費用をかけられる大手企業であれば、こういった専任の技術者に依頼することで効果が出せるのですが、中小企業の場合、ほとんど恩恵を受けられないと思います。

すべての専任技術者が担当業務だけで利益を出していればいいのですが、どうしてもそういうわけにはいきません。

その結果、残念ながらこうした人件費をまかなうために、結果的に制作コストが高くなってしまう傾向にあります。

家電や工業製品を購入するのとは違い、求めるサービスに見合ったサイズの制作会社に依頼することで、適正価格でホームページを作成することができるのです。


Point!

社員数の多い制作会社は、人材がそろっているが、制作コストが割高で中小企業には向かない。

21 ホームページ制作会社は制作実績ではなく、運用実績をチェックする

制作実績におけるデザインのアピールは意味がない

ホームページ制作会社のホームページを見ていると、多くの場合、「制作実績」なるページがあります。

多くの企業が、制作会社を選ぶ基準として制作実績をチェックしているかと思います。しかし、実はこの制作実績、あまり意味がないのです。理由はたくさんあります。

第1に、**ホームページのデザインがきれいかどうかは、ホームページを作成する本質的な部分においてあまり重要ではない**からです。

ホームページは芸術品ではなく、あくまでもツールです。ツールとしての機能が正しく果たされているかどうかは、見た目だけで判断することは難しいのです。

たとえば、企業向け精密機械を作っている会社のホームページよりも、女性向けファッション衣料を作っている会社のホームページの方が見た目にもきれいに映るのは、当たり前なのです。

第2に、**デザインだけであれば、一般的な制作会社であれば同じようなものをすぐに作ることができる**からです。「うちはこんなデザインやこんな技術が使えます」とアピールしている制作会社がありますが、個人でやっているような会社を除けば、普通どんなデザインでも同じように作成できるはずです。

したがって、制作実績を見て「いいなぁ」と思っても、そのサイトを見せて同じようなデザインがいいと伝えれば、同じようなものができあがってくるため、デザインの優劣をみても仕方がないということです。

そして、第3に、**制作実績を自慢げに載せている会社は、すべてのページ制作が「デザイン重視」に偏っている**と思えるからです。

中小企業にとってのよいホームページとは、ツールとして有効に機能するかどうかであって、きれいなデザインのページであるかどうかは、ほとんど関係がないと思っています。

制作実績よりも運用実績を聞く

きれいなデザインのページを作成したいのであれば、そういった基準で選ぶのもよいかと思いますが、あまりよい選択とは言えません。

もし、可能であれば、制作会社の制作実績ではなく、運用実績を聞いてみてください。具体的には、**「制作したホームページがその後どのように変わっていったのか？」「どんな更新をサポートしているのか？」「どんなアドバイスの上で現在のホームページになったのか？」**といった点です。

制作後もクライアントときちんと連絡を取り合って、良好な関係を築いている制作会社を選ぶべきです。

Point!

ホームページ制作会社の真の実力は、デザイン力ではなく、運用力で計ることができる。

22 比較サイトに掲載されているウェブ制作会社には気をつけた方がよい

料金比較サイトでよい制作会社が見つからない理由

料金比較サイトなるものを見たことがあるかと思います。ホームページの制作会社を探すときも、一度に複数社からの見積りが取れるので便利に感じられることもあるでしょう。

今では様々な業種において、この「料金比較サイト」がありますが、ホームページの制作会社にも、多くの料金比較サイトが存在しています。確かにたくさんの見積りが取れて便利に思えるかもしれません。しかし、私は正直言って、この**料金比較サイトに掲載されている制作会社をお勧めすることができません。**

単純に私がそれなりに評判のいい制作会社をこういったサイトで見たことがないというせいもありますが、料金比較サイトでよい制作会社が見つからない理由がいくつかあるからです。以下、説明します。

①ウェブ制作会社なのに料金比較サイトを使っていること自体に問題がある

料金比較サイトは、それぞれ運営会社が存在しており、各制作会社はこの運営会社に料金を払って掲載してもらっていることになります。

その他のサービスならわかりますが、そもそもウェブ制作会社が同業他社に集客をお願いしている時点で問題があるとは思いませんか? 自社で集客するスキームがないと考えてもおかしくないですよね。

②中間マージンが発生するから、価格が安いわけがない

料金比較サイトから問い合わせを受けたり見積りを出したりすると、ウェブ制作会社は紹介料として手数料を料金比較サイト運営会社に支払うことになります。料金体系はそれぞれ異なりますが、数万円から数十万円に及ぶこともあります。同じ仕事であれば、比較サイトを通さない方が、制作会社としては利益が高いということになります。では、この手数料を制作会社が負担してくれているかと言えば、それはノーです。結局、見積りに反映されるはずなのです。

③ホームページの制作要件を確認できない

ホームページの制作は、既製品をネットで比較して買うのとはまったく異なります。クライアントがホームページを「制作したい・リニューアルしたい」と思う裏側には、必ず本質的なニーズがあるはずですし、そのニーズを満たすための方法はウェブ業界にはたくさんあるのです。きちんとヒアリングをしてニーズを共有し、クライアントに合った最良の提案をするためには、見積り概要にテキストで書けるほどの内容と量では到底行えないはずです。

そんな曖昧な条件で算出した見積り金額を比較することに、何の意味もありません。こうした曖昧な見積りで作業を進めることが、後でトラブルの要因になるのです。

Point!

料金比較サイトは一見便利だが、いいホームページ制作会社探しには向いていない。

23 制作会社の選定で、無料のコンペを行うことに意味はない

無料のコンペではホームページの仕上がりは判断できない

ホームページの制作会社を決定するのに、よくコンペが実施されます。

最初にクライアントのウェブ担当者に呼ばれて、「ホームページをリニューアルしようと思うから、とりあえず見積りやコンペ資料をよろしく」と言われることがあります。

多くの制作会社から提案をもらえるという意味で、コンペそのものは非常に有用ですが、そのコンペは有料のものでしょうか？

もし**無料のコンペでしたら、正直言って、やるだけ無駄**だと思ってください。

たとえば、大企業がホームページの選定コンペなどを行う場合、それはほとんどがコストをかけて行っています。もしくは専門のコンサルティング会社に、現在のホームページの問題点などを洗い出してもらって、その資料をもとに制作会社にコンペをお願いしているパターンです。いずれにしても、まったくの無料のコンペではありません。

ホームページは、他の商品と違って、最初から完成形があるわけではありません。クルマなどは最初から完成した商品が確認できるので、数社から提案を受けた中で、もっともよさそうなものを選べばいいのですが、ホームページはそういうことができないのです。

仮にA社が10ページで10万円の見積り、B社が10ページで15万円の見積り、C社が6ページで9万円の見積りだった場合、A社が一番よいでしょうか？

正直、制作会社側からすれば、1ページ5000円でも、1ページ8万円でも、ページを制作することは可能です。

しかし、できあがったページには確実に差があります。それをコンペの段階で判断できるでしょうか？

また、C社は1ページの単価は割高ですが、もしかしたらあなたの会社のホームページは6ページで事足りているかもしれません。もし、そうならA社より1万円安いことになります。

どちらにしても、コンペの段階で価格を比較しても、まったくの無駄です。

コンペを勝ち取るための提案と本当のニーズは異なる

コンペのもう1つの要素に「提案」があります。各社とも受注するために必死で提案を考えてきます。

普通のホームページをきちんと作るだけでは、多くの競合の中に埋もれてしまうので、「うちは動画が得意です」とか、「スマホ対応です」とか、はたまたクイズや占いコンテンツまで、いろいろアイデアを出してきます。しかし、一見おもしろそうに映るそれらの提案は、本当に意味がある施策なのでしょうか？

これらはすべてコンペを勝ち取るための施策であり、その費用は確実に見積りに反映されます。

本当に有効な施策とは、ユーザーごとにそれぞれに異なります。直近のアクセス解析やライバル会社の分析、強みと弱さの洗い出しなど、多くの数値分析を行なって初めて的確な提案が出せることになります。そして、その調査はとても無料で提供できるような作業量ではないはずです。ですから無料のコンペには

総合法令出版 出版案内

2014年
8月1日
発行

表示価格には消費税を含んでおりません。

000019

話題の書籍

金持ち脳と貧乏脳

茂木 健一郎／著　¥1300

私達が普段何気なく行っているお金に関する行動のほぼ全てが、脳が操っていることによってなされます。脳科学者の茂木健一郎氏が、その秘密をわかりやすく解き明かします。

堀江貴文氏推薦!!

この本、超面白いです！
アイデアをお金に変えられる
時代がやってきた！

男はお金が9割

里中 李生／著　¥1200

年収300万円からでも「一流のお金持ち」になれる！累計230万部突破のベストセラー作家が語る、「一生お金に困らない」お金持ちの哲学。

読者の皆様からの声

言いたいことを代弁してくれる本に出会えて感動です！（38歳男性）／表現がわかりやすく、途中で何度も笑ってしまいました。電車で読まなくてよかったです。（24歳男性）

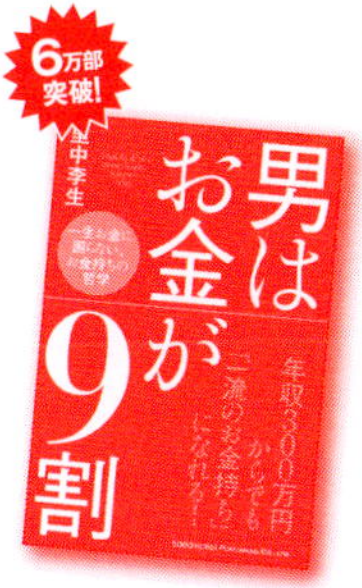

わたしが神さまから聞いたお金の話をしてもいいですか？

井内 由佳／著　¥1400

1万人以上の悩める人の相談に乗ってきた著者が解説する「お金の真理」。世に言われるお金の常識や習慣を取り上げ、丁寧に解説。人に愛され豊かになる方法を伝授します。

読者の皆様からの声

身近な事例が使われており、ホント・ウソで結論から書いてあったのでとっつきやすかった（30代女性）とても耳が痛かった（40代男性）生きたお金の使い方を学べました（60代女性）

ゴルフDVD

若さやパワーに頼らなくても、飛距離は伸びる！

今、ゴルフ界で注目を集める山本プロの「The Right Pointed Swing」は、右股関節を軸に、“地面反力”と“遠心力”を最大限に活用した新ゴルフ理論。筋力に頼らず、身体もねじらないため、腰痛などのスポーツ障害とは無縁！年齢に関係なく250ヤード超を実現する世界基準のメソッドです。

¥18,667（税抜）

プロコーチ山本誠二 presents
ゴルフアンチエイジング!
10歳若返るゴルフスイング新理論

3枚組DVD-BOX

●3枚組DVD－BOXには上巻・下巻・特典DVDが収録されています。上巻・下巻単品でのご購入も可能です（各¥9,334／税抜）。●特典DVDは、DVD－BOX購入者限定商品のため、非売品となります。上巻・下巻単品でご購入の方はご利用になれませんので、ご了承ください。
●現在、送料無料キャンペーン実施中です。

ご購入は、特設ページよりどうぞ！
http://www.horei.com/yamamotoseiji/
※書店ではお買い求めになれませんのでご注意ください。

Youtubeにて
DVDダイジェスト
動画配信中！
http://bit.ly/svATkw

通勤大学 MBAシリーズ

創刊10年で累計100万部を超えたロングセラー。国内外のビジネススクールで教える様々な知識を1テーマ2ページにまとめ、平易な解説と図表でわかりやすく説明。持ち運びに便利な新書サイズなので、誰でも気軽にMBAのエッセンスを学べる。体系的に経営学を学びたい人の入門書としても最適！

MBA1 マネジメント　新版

青井 倫一／監修
グローバルタスクフォース／編著　¥850

MBA2	マーケティング　新版	¥830
MBA3	クリティカルシンキング　新版	¥830
MBA4	アカウンティング	¥830
MBA5	コーポレートファイナンス	¥830
MBA6	ヒューマンリソース	¥830
MBA7	ストラテジー	¥830
MBA8	[Q&A] ケーススタディ	¥890
MBA9	経済学	¥890
MBA10	ゲーム理論	¥890
MBA11	MOTテクノロジーマネジメント	¥890
MBA12	メンタルマネジメント	¥890
MBA13	統計学	¥890
MBA14	クリエイティブシンキング	¥890
MBA15	ブランディング	¥890

通勤大学 図解PMコース

プロジェクトマネジメント① 理論編 【第2版】

浅見 淳一／著　中嶋 秀隆／監修　¥890

プロジェクトマネジメント② 実践編 【第2版】

中 憲治／著　中嶋 秀隆／監修　¥890

今やビジネスパーソン必修とも言えるプロジェクトマネジメント（PM）の基本を、1テーマ見開き2ページ図解付きでわかりやすく解説！概略を短期間で体系的に理解することができる。PMのデファクトスタンダードであるPMBOKの最新第5版に完全準拠。

通勤大学その他シリーズはHPをご覧下さい！
総合法令出版　検索

心に火をつける言葉

遠越 段／著　¥1500

缶コーヒー、キリンファイア、話題の日替わりCMに使用されている名言集。百数十人におよぶ世界の偉人たちの名言を収録。永く語り継がれてきた言葉の数々は、我々の心を鼓舞し、癒し、元気づけてくれる。そして日々の仕事、生活に立ち向かっていくことができるちょっとした勇気を与えてくれる。

世界の名言100

遠越 段／著　¥1500

エルバート・ハバード、ベンジャミン・フランクリン、ドラッカーといった偉人たちを始めとして、出光佐三といった近年評価が見直されている人たちの珠玉の名言を厳選収集。

20代のうちに知っておきたい 言葉のルール21

木村 進／著　¥1200

なぜ、あなたは人に好かれないのか、なぜ運が悪いのか……その一番の原因は、「言葉のルール」を知らないことにあった！　著者が、これまで多くの若者たちと対話する中でアドバイスしてきた、「人に好かれて運がよくなる言葉の使い方」を、偉人たちの言葉も交えて紹介。

「最高の結果」は すべてを「捨てた」後にやってくる

早川 勝／著　¥1300

人生とは面白いものだ。何かひとつを手放したら、それより、ずっといいものがやってくる。（サマセット・モーム）
思うように結果が出ないのは、今手にしているモノを手放す勇気がないから。20年以上生保業界で多くの成功者と接し、多くのプロフェッショナルを育ててきた著者の、結果を出し成功する方法。

視力もぐんぐんよくなる速読術

中川 和宏／著　¥1200

「速読できない」「読んでも頭になかなか入らない」原因は“眼”にあります。視力を高めれば、速読は自然にできます。１万人の視力回復を指導してきた著者が説く速読法。

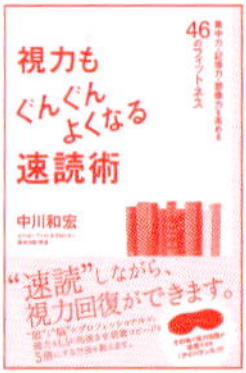

郵 便 は が き

料金受取人払郵便

日本橋局
承　　認

6112

差出有効期間
平成28年2月
29日まで

切手をお貼りになる
必要はございません。

1 0 3 8 7 9 0

953

中央区日本橋小伝馬町15-18
常和小伝馬町ビル9階
総合法令出版株式会社 行

本書のご購入、ご愛読ありがとうございました。
今後の出版企画の参考とさせていただきますので、ぜひご意見をお聞かせください。

フリガナ お名前	性別 男・女	年齢 歳
ご住所　〒 TEL　　（　　　）		
ご職業　1.学生　2.会社員·公務員　3.会社·団体役員　4.教員　5.自営業　6.主婦　7.無職　8.その他（　　　）		

メールマガジンにご登録の方から、毎月10名様に書籍1冊プレゼント！

メールマガジン「HOREI BOOK NEWS」では、新刊情報をはじめ、書籍制作秘話や、著者のここだけの話、キャンペーン情報など、さまざまなコンテンツを配信しています。

※書籍プレゼントご希望の方は、下記にメールアドレスと希望ジャンルをご記入ください。書籍へのご応募は1度限り、発送にはお時間をいただく場合がございます。結果は発送をもってかえさせていただきます。

ご希望ジャンル：☐ 自己啓発　☐ ビジネス　☐ スピリチュアル

E-MAILアドレス　※携帯電話のメールアドレスには対応しておりません。

お買い求めいただいた本のタイトル

■お買い求めいただいた書店名

（　　　　　　　　　　）市区町村（　　　　　　　　　　）書店

■この本を最初に何でお知りになりましたか

□ 書店で実物を見て　□ 雑誌で見て（雑誌名　　　　　　　　　　）
□ 新聞で見て（　　　　　　新聞）　□ 家族や友人にすすめられて
総合法令出版の（□ HP、□ Facebook、□ twitter、□ メールマガジン）を見て
□ その他（　　　　　　　　　　）

■お買い求めいただいた動機は何ですか（複数回答も可）

□ この著者の作品が好きだから　□ 興味のあるテーマだったから
□ タイトルに惹かれて　□ 表紙に惹かれて　□ 帯の文章に惹かれて
□ その他（　　　　　　　　　　）

■この本について感想をお聞かせください

（表紙・本文デザイン、タイトル、価格、内容など）

（掲載される場合のペンネーム：　　　　　　　　　　）

■最近、お読みになった本で面白かったものは何ですか？

■最近気になっているテーマ・著者、ご意見があればお書きください

ご協力ありがとうございました。いただいたご感想を匿名で広告等に掲載させていただくことがございます。匿名での使用も希望されない場合はチェックをお願いします☑
いただいた情報を、上記の小社の目的以外に使用することはありません。

キャンペーン

特製カレンダープレゼント!

facebook キャンペーン実施中!

オリジナル年間カレンダー画像プレゼント!!

弊社のfacebookページの「いいね!」ボタンを押して、メッセージを下さった方全員に、大好評『20代のうちに知っておきたいルールシリーズ』のオリジナル年間カレンダー2014年分をプレゼント!(jpegデータ)
本書の中の名言が写真とともにカレンダーになります。PCのデスクトップ画面などに最適です!

応募方法

❶facebook画面から、「総合法令出版」を検索
➡弊社ページの「いいね!」を押す
URL【http://www.facebook.com/horeipub】

❷「カレンダー希望」と明記の上、弊社のfacebookページにメッセージをお送りください。その際、ご購入された書籍名もお書き下さい。

※プレゼントは、後日facebookのメッセージで送らせていただきます。
※facebook上のみのキャンペーンになります。
※お客様がfacebookにアカウントを登録する必要がございます。

企画・原稿募集中!!

「頭の中で思い描いたアイデアを、本にしたい!」と思ったことはありませんか?総合法令出版では、企画のブラッシュアップから執筆のアドバイスまで、あなたの想いを「本」というカタチにするお手伝いをいたします。原稿ができあがっていなくても、出版に関しての知識がなくても、大丈夫です。読者に何を伝えたいのか、企画書を作り、当社までお送りください。編集部で拝見し、お返事致します。企画応募経験・執筆経験の有無、ジャンルは問いません。あなたの自由な発想をお待ちしています。

お問い合わせ　総合法令出版　編集部・企画係まで

ご注文・お問い合わせについて

この度、弊社は移転いたしました。電話番号、ファックス番号も変更になっておりますので、お問い合わせの際にはご留意ください。

書籍がなかった場合は、書店でご注文いただくか、小社にお問い合わせください。

L 03-5623-5121　▶FAX 03-5623-5351

http://www.horei.com/

horeicom　最新情報をつぶやいています

ビジネス・自己啓発①

鏡の法則
人生のどんな問題も解決する魔法のルール

野口 嘉則/著　¥952

読んだ人の9割が涙した!　この短い物語には、あなたの悩みを解消し、運を開くヒントがあります。120万部突破のロングセラー。愛と感動の真実のストーリー。

世界の大富豪2000人に学んだ幸せに成功する方法

トニー野中/著　¥1300

97%の人は気づいていない、幸せに成功するための秘密の習慣。2000人にも及ぶ幸せな成功者たちとの出会いから学ぶことによって、ごく普通の一般人であった著者が複数の会社経営者となることができた事実も踏まえ、「普通の人でも幸せな成功者になれる方法」として、誰でも実践可能な習慣へ体系化した。

世界の大富豪2000人に学んだ富を築くお金の知恵

トニー野中/著　¥1300

大富豪たちは、いかにして巨万の富を築いているのか?　ロスチャイルドを始めとして、2000人に及ぶ成功者たちとの出会いによって経験したエピソードを交えて、彼らが貧乏な頃から人知れず実践している習慣を紹介。各国の大統領や首相ですらコントロールできない"通貨の支配者"と、その仕組みにも迫った。

景気に左右されない一流の男のお金の稼ぎ方

里中 李生/著　¥1200

景気に左右されずに年収を倍にし、維持する方法とは?　高校を中退して上京、年収数千万円へ這いあがったベストセラー作家が語る、5%の日本人だけが知るお金の考え方。自身の体験をもとに、これまでの発想とは180度異なる観点から「お金の稼ぎ方」「お金の使い方」について語る。

ユダヤ人大富豪に学ぶお金持ちの習慣

星野 陽子/著　¥1300

4畳一間、資産ゼロから6億円の不動産投資家へ。ユダヤ人大富豪から直接学んだ「行動」を「お金」に変える方法とは?　浪費癖があり、貯金もゼロだった著者が、ユダヤ人から教わり、身に付けた「お金の知恵」は必見。本書を読めばきっと、「どれかを選ぶ人生」から「全部選ぶ人生」へと舵を切りたくなります。

高濱正伸の10歳からの子育て

高濱 正伸／著　¥1300

「今までと同じ接し方では子どもが言うことを聞かなくなった」「最近、子どもが考えてることや本音を話さなくなった」など、子どもの思春期によくある親の悩みの対策として、「本音の教育」をあげ、それまでの教育の仕方とどう変えていかなくてはいけないのかを事例を挙げながらわかりやすく解説しています。

毒出しごはん

心もカラダもキレイにリセット!!

蓮村 誠／著　¥1300

ごはんをおいしく食べて、毒素を根こそぎ洗い出そう！疲れが取れない、痩せにくい、イライラ・クヨクヨしてしまう。これらの症状はすべて「毒素」が原因です。本書は、日常生活でもっとも身近な「食事」にフォーカスし、食べものや食べかたで、確実に「毒出し」ができる方法をご紹介します。

一生愛したくなる女性の条件

見山 敏／著　¥1300

「なぜ同じくらい頑張っているのにあの子の方が好かれるの？」「なぜ決して美人ではないのにあの子は好かれるの？」30万人の女性に向き合ってきた著者が男性の視点から「愛される女性」に共通するルールを徹底解剖。恋愛・人間関係・食事・セックスなどの観点から、愛される女性とそうでない女性の違いを描く。

思春期の子が待っている親のひと言

心が見えてくる魔法のコミュニケーション

マンガでわかる！

思春期の子をやる気にさせる親のひと言

心を伸ばす魔法のコーチング

大塚 隆司／著　各¥1300

思春期の子は、親の言うことを素直に聞かないもの。でも実は、たったひと言変えるだけで、子どもは自信とやる気を発揮します。

妊活♥ いますぐはじめたい6つの習慣

池下 育子／著　¥1000

「卵子の老化」が話題になっています。卵子年齢は、あなたの年齢＋１歳。どんどん老化しています。晩婚やキャリアの問題など、今すぐに妊娠出産しない女性が、どうすれば妊娠力を保てるのかを、イラストとわかりやすい文章で解説。「いつか子どもを産みたい」あなたは、この６つの習慣からはじめてください。

英語貴族と英語難民

3ヶ月でネイティブに100%伝わるようになるスーパーメソッド

ユキーナ・富塚・サントス／著　¥1400

グローバルに活躍中の現役ビジネスウーマンが、屈辱的な英語難民状態から脱却し、ネイティブから「エクセレント！」と称賛されるほどの英語貴族に変身したメソッドを初公開！時間やお金をかけているのに話せるようにならない英語難民と自分の意思を自由に英語で伝えられる英語貴族の勉強法を徹底比較して説明。

ステキな外国人に恋したら、英語がペラペラになりました。

ヨーク水砂子（文）　佐藤 政（マンガ）　¥1000

４組の国際カップルの物語を軸に、教科書には載っていないカジュアルな英会話表現を楽しく学べるコミック。コミック以外に、詳しい解説や応用表現集、著者自身の英語学習体験や海外生活に基づいたコラムを多数掲載し、英会話力向上に役立つこと間違いなし。

超速 つぶやき英語トレーニング

CD付

登内 和夫　他／著　¥1700

ベストセラー『超右脳つぶやき英語トレーニング』の姉妹編。30シーンすべてのつぶやき表現について、ノーマル・２倍速・３倍速の音声を収録したほか、各シーンごとに関連する単語やイディオムを多数掲載したイラスト表現集を掲載。

スティーブ・ジョブズから学ぶ 実践英語トレーニング

CD付

安達 洋・渋谷 奈津子／著　¥1700

スティーブ・ジョブズが残した多くの発言から珠玉のメッセージを厳選して原文と訳文で紹介。詳しい文法解説と豊富な応用表現で生きた英語を学習することができる。CD２枚付き。

読むだけ！　聴くだけ！

世界一速く英語脳に変わる本

清水 建二／著　ウィリアム・J・カリー／監修　¥18

「秒速パターン演習」と「倍速リスニング」で、世界一速
脳の基礎をつくることができる！　カンタンな英文パター
で英語がどんどん話せる！　ネイティブの英語が面白い
き取れる！　CD２枚付。

意味がないと言えるのです。

もし、**無料でコンペをお願いするのであれば、制作範囲や問題点、可能であればば使える予算などを明確にし、その解決方法を提案してもらえるようなコンペを依頼してください。**明示された予算と範囲の中であれば、無料でも意味のある提案をしてもらえると思います。

Point!

無料のコンペは、ホームページ制作会社の選定に役立てることはできない。

24 ホームページ制作の予算は先に伝えた方が効果的

見積りを出させても正しい施策を提案するとは限らない

ホームページの制作やリニューアルを外部の制作会社に依頼する場合、予定している金額を先に伝えるクライアントはあまりいません。少しでもよいホームページを安く制作したいという気持ちは、どのクライアントも同じですから十分に理解できます。

しかし、**予算がすでに決まっているなら、先に伝えてしまう方がよい**と私は思います。

もし、しっかりとした調査が完了しており、制作する内容やボリュームがはっきりしているのであれば、その内容で見積ってもらうことが可能です。

しかし、中小企業の場合、そこまでの分析はおろか、どのように制作していいかわからない状態で制作会社に依頼していることもあるかと思います。

仮に現在のホームページが10ページの構成だったとします。

「このホームページをリニューアルしたいので見積りをお願いします」と制作会

社に依頼したとします。

依頼を受けた制作会社は、相手は当然他社にも見積りをとっているだろうと考えます。したがって、本当は20ページぐらいにして内容も大幅に見直したほうが効果が上がりそうだなと思っていても、他社より高いと受注できないだろうからと、10ページの更新でプラス1つぐらい改善提案をした程度の見積りを出してくるでしょう。

他の制作会社も同様に考えるので、結局どこの会社の見積りも同じようなものとなり、結局は価格の一番安いところが選ばれることになります。しかし、それでうまく行くはずがありません。

予算を先に伝えることで効果を最大限に上げることができる

これを「50万円の予算で、もっとも効果の上がるリニューアル提案をしてください」と最初に依頼してしまえば、予算は先に決まっているので、制作会社としても価格面での競争を心配する必要がなくなります。したがって、予算内でもっともよい方法を提案してくれるはずです。

逆に「予算5万円で」と言えば、すべてのページをリニューアルすることをせずに、トップページだけをリニューアルする提案を出してくるかもしれません。全ページを中途半端にリニューアルするよりも、トップページにリニューアルを集約させた方が効果が上がる場合だって実際にあると思います。

お金をかければ、よりよいホームページを作成することはいくらでも可能です。しかし、中小企業にとって、ホームページだけに多額の資金を投入することは難しいはずです。それならば、**予算内で効果を最大限に上げる費用対効果重視の施策を行っていくべき**です。そのために、「**予算を先に伝える**」という方法は非常に有効だと思います。

Point!

ホームページの制作コストは、漠然と見積りを出させるよりも、予算を先に伝えたほうが費用対効果が上がる！

25
制作会社には、参考サイトを提示したほうがいい

イメージは具体的に見せたほうが効率的

一般的にホームページを制作する場合、初回のヒアリングで制作会社と方向性などを十分に確認し、デザインコンペを数回開催することでクライアントのイメージや目標目的に合ったデザインに仕上げていくのが一般的なやり方です。

しかし、これらの作業にも費用と時間がかかるわけで、中小企業向けホームページの制作の場合、どうしてもこれらの作業が手薄になりがちです。

これらのステップはとても大切な作業であり、ロクに打ち合わせもせずに作業を進めてしまうのは言語道断ですが、数回のミーティングと電話、メールだけで、不慣れな担当者が、クライアントがホームページに求める要望などを的確に理解し、担当デザイナーに伝えることは至難の業と言えるでしょう。

そんなとき、もっとも短い時間で、かつ効果的にデザイナーにイメージや雰囲気を伝えられる手段として、「**参考となる他社のサイト**」を提示することをお勧めします。

新しいホームページを制作する際には、「なるべく他社と異なるオリジナルイメージで行きたい」とか、「他社のマネをするなんて気が引ける」と思ってしまいがちです。

しかし、よく考えてみてください。ホームページは突き詰めてしまえば、平面のグラフィックでしかありません。

表示する端末が限られている以上、表現できる範囲にも限界があります。その上、インターネット上には文字通り星の数ほどのホームページが存在しています。**どんなに思考を巡らせたところで、結局どこかのサイトには似ざるをえない**のが現実なのです。

しかも、ホームページ制作の根底は、ビジネスで役に立つことが最大の目標であって、きれいな芸術作品を作ることではないのですから、**オリジナルデザインにこだわる必要はない**のです。

ならば、曖昧な言葉でイメージを伝えるよりも、他社のサイトを提示して、「こんな雰囲気のものをお願いします」と言った方が確実にデザイナーにも伝わりますし、初回にできあがってきたものがイメージと大きく異なるといったケースもなくなるでしょう。

また、そういった制作の手戻り（やり直し）が少なくなれば、**コストも時間も大幅に節約することができる**でしょう。それは制作会社とクライアント双方にとって大きなメリットです。

参考サイトを見れば制作者の意図もわかる

また参考サイトを提示することは、**ターゲットユーザーの絞り込みや目的なども一緒に確認できる**というメリットがあります。

赤と黒でビビッドにまとめられたサイトを提示されれば、「ターゲットユーザーは若年層かな」と制作会社にとっても予測が立ちますし、メニューボタンがわかりやすく大きく表示されていれば、「ユーザビリティ重視の制作希望だな」と予測が立ちます。

また逆に「こんなサイトがいいなぁと思っているんですが、このサイトの特長や目的はなんでしょうか？」と制作会社のデザイナーに聞いてみるのもいいかもしれません。

ウェブ業界できちんと仕事をしているデザイナーであれば、デザインから読み取れる意図や目的などを丁寧に教えてくれるでしょう。

もし、まともな答えが返ってこないならば、そのデザイナーはやめた方がいいかもしれません。

Point!

他社のホームページを参考サイトとして制作会社に見せることは、色々な意味で効果的！

26 わからないことがあれば、制作会社に何でも聞こう

疑問を持ったら即確認することが重要

私自身は、ホームページの制作や運用などをご要望のクライアントに対して、なるべくわかりやすい言葉で話をしようと思っています。

たとえば、本書で主に使っている「ホームページ」とは本来、ウェブサイトを自分のパソコンなどで最初に開くページ「文字通りホームボタンを押して開くページ」のことを指しています。したがって、厳密には「トヨタのホームページ」という表現は間違っていて、正しくは「トヨタのウェブサイト」なのですが、一般的なユーザーの中には、ウェブサイトよりも、ホームページの方が慣れ親しんでいる人が多いので、あえてホームページという表現を使ったりもします。

しかし、どんなに気をつけていても、わかりにくい言葉が多い業界ですし、最近の傾向で英語を無理に日本語に訳さなくなった関係で、かなりの確率で英語表記の用語も増えてきました。

仕事が忙しいことに加え、「専門家に任せているのだから」という気持ちで、わ

からないことがあってもついついスルーしてしまうクライアントが多いのですが、似たような言葉でも、まったく意味が異なる物も存在しているため、**わからないことがあれば何でも制作会社に聞く**ようにしてください。

質問してみれば、制作会社の実力や姿勢がわかる

きちんとした制作会社であれば、どんなことでも親身になって教えてくれるはずです。もし、きちんとした回答がなければその会社には要注意です。理由は以下のとおりです。

第1の理由としては、**制作会社が本当に知らない可能性がある**からです。

制作会社はどこもプロだと思ったら大間違いです。ウェブ制作は比較的参入しやすい業界であるため、専門のウェブ制作会社ではない、印刷業や広告代理店業、学生サークルの延長といった形まで、本当に多種多様の会社が存在しています。表

で制作会社を名乗りながら、結局は学生に丸投げして作らせている会社まであります。

したがって、質問に対してきちんとした回答が得られない場合、本当に何も知らないということが考えられます。こういった会社でまともなサポートが受けられるはずはありません。

そして、第2の理由としては、あまり考えたくない話ですが、**クライアントが詳しくないことを理由に、いいように丸め込もうとしている可能性**があります。

これは残念ながらよく聞く話です。難しい横文字を並べて、「わからないのでお任せでお願いします」と言わせて、適当なソースで納品したり、不要なオプションなどをつけて見積り金額を上げたりするパターンです。

ウェブ制作会社は規模的にあまり大きくないところが多いため、残念ながらコンプライアンス（法令遵守）に対する認知が低い会社が多いのも事実です。

したがって、わからないことは放置しないですぐに何でも聞いてください。後からそんなつもりではなかったというミスも防げますし、制作会社との信頼関係も築くことができます。

Point!

ホームページの制作会社は玉石混交、質問をしてみれば、良し悪しがわかる。

第5章
ホームページのコンテンツの作り方

27 対応するウェブブラウザーは絞り込んだほうがいい

古いブラウザーに対応するのはコスト高要因となる

外部の制作会社にホームページの制作を委託する場合、作成したホームページが正しく表示されるウェブブラウザーの範囲を決めることになります。

この対応ウェブブラウザーの範囲ですが、1人でも多くのユーザーに閲覧してもらうことを考えたら、広い方がいいということになります。

しかし、この**対応ブラウザーの範囲を広げると、開発コストも時間もかかりますし、古いブラウザーに対応することで、新しい技術が使えなくなることが発生する可能性**もあります。したがって、対応ブラウザーの範囲については、あまり欲張らず、閲覧することができないユーザーが多少は出てきても仕方がないと割り切りましょう。

最近、特に問題になるのが、IE6（インターネット・エクスプローラーのバージョン6）への対応です。このブラウザーは、ウィンドウズXP時代によく使われていた名残で、買い換えが進まない企業向けパソコンでまだまだ利用されていることが多く、対応したくなるでしょう。

このＩＥ６は、不具合が非常に多いことで知られており、制作会社にとって、このバージョンに対応することは、非常に労力のかかる作業になります。もちろんコストに反映されるべき作業量を伴います。

新しい環境へ合わせたほうがベター

しかしながら、企業ホームページの場合、こういったブラウザーで不具合が起こりやすい複雑なデザインをする可能性は少ないですし、仮に正しく表示できなかったとしても、すべての情報が閲覧できないわけではありません。ＩＥ６を利用しているユーザーに自分のパソコンが古いから仕方がないとあきらめてもらえるレベルの問題です。

もちろん理想としては、アクセスしたユーザーすべてに正しく閲覧してもらえるサイトを作成するべきですが、それでも100%という保障はありません。
したがって、費用対効果と照らし合わせた場合、IE6に無理に対応するべきではありません。制作会社によって考え方が異なる場合もありますが、IE6に対応することでホームページのデザインに制約が発生したり、コストがかかるのであれば、**古い環境よりも新しい環境に適用する柔軟な考え方のほうがよい**と言えるでしょう。

Point!

ホームページの制作をするにあたり、対応ブラウザーの範囲を絞ることも重要な課題。

28 ホームページに載せる写真はなるべく自分で用意する

デザインや文章による差別化は限界に来ている

ここ数年のホームページの技術革新にはめざましいものがあります。とは言っても、**ホームページの主な構成要素が文章と画像（最近では動画）であることには変わりありません**。

ホームページをパソコンなどの画面に映し出される1枚の紙としてとらえるのであれば、そのデザインの幅には限りがあります。ましてや、中小企業のホームページともなれば、使いやすさ（ユーザービリティー）や視認性などを考慮してデザインを行う必要があるので、サイトの基本的なデザインはある程度画一的なものになってしまいます。

また、文章データについても、タイトルやキャッチなどは読まれることがあっても、大多数の閲覧ユーザーがすべての文章を読んでくれる可能性はほとんどありません。さらに、近年ウェブサイトの数が増え続けることに伴い、1ページあたりの滞在時間も短くなる傾向にありますので、文章による差別化がより難しくなってきています。

1枚の写真で一瞬に理解させる

そこで今まで以上に重要になってくるのが、写真などの「**画像データ**」です。画像データは一瞬で、多くのことを閲覧ユーザーに伝えることができます。

たとえば、コーヒー店のホームページの場合、どんなに他店との違いやこだわりを文章でアピールしてみても、閲覧ユーザーは通り過ぎていってしまうかもしれません。しかし、そこにおいしそうなコーヒーの写真が1枚あれば、ユーザーの足を止めさせることができます。

それならば、今は画像より動画の方がベターなのではないかと思われるかもしれません。しかし、それはノーです。

前にもお話した通り、ユーザーに「**一瞬で理解させる**」ことが重要なのです。動画では閲覧してもらうのに時間がかかります。ホームページにおける動画の役割はむしろ文章に近く、文章では表現できない部分を補完してくれるものです。

下手でもオリジナリティのある写真のほうが効果的

このように画像は大変重要なものなので、私はクライアントとの打ち合わせで、掲載する画像はプロのカメラマンに撮影してもらうことを勧めています。

プロのカメラマンを投入すれば、それなりのコストがかかります。中小企業用の小規模なウェブサイトを作成する場合、制作コストに占める写真の割合が高くなって予算的に厳しいということはあるでしょう。

そのような場合は、あきらめるのではなく、**ご自身で撮影する**ことをお勧めします。最近のカメラは高性能なので、撮影上のちょっとしたコツで、十分に魅力的な写真を撮ることは可能です。

撮影上のコツはインターネットで調べればいくらでも情報が出てきますし、ちゃんとした制作会社なら、その程度の知識は教えてくれるはずです。

自社の製品やサービスについて、もっともよく理解しているのはあなた自身なのですから、他の誰かに撮影してもらうよりも、より的を射た写真を用意することができるはずです。なによりもプロに頼むよりもずいぶん安く済みます。

市販の素材集を利用する手もありますが、それなりの値段がする場合もありますし、なによりオリジナリティがなくなります。どこかのサイトで見かけたことのある写真が載っているホームページよりも、多少素人っぽくてもオリジナルで雰囲気のある写真が載っているホームページの方が、多くのユーザーを足止めすることができるはずです。

Point!

ホームページに写真を載せることによる効果は高まる一方。自分で撮った写真を積極的に使ってみよう。

29 30分同じページを見続ければ、必ず変えたくなるものです

デザインは変えてみたくなるもの？

ホームページを制作したりリニューアルしたりする過程で、制作会社からいったんできあがったものを見せてもらう機会があるはずです。「プレ」とか「レビュー」と言われていますが、このときに気をつけなくてはいけないことがあります。

それは「**どんなホームページでも30分見続ければ、必ずどこか変えたくなってしまう**」ということです。

お気に入りの服でコーディネートしても、鏡の前でずっと見ているうちに、「やはり、こっちにしようかなぁ」と迷ってしまった経験は誰にでもあると思います。

ホームページもこれと同じで、**デザインとは、長い間見続けているとどこか変えたくなってしまうもの**なのです。

前にも述べたように、ホームページを制作したりリニューアルするときには、必ず目的と目標があるはずです。この目標と目的が達成できるのかというブレない芯があって、ホームページを精査するのはいいことなのですが、なぜか制作会社

からデザインの提示を受けると、ちょっとしたラインの太さだったり、色使いや文字の装飾などが気になってしまい、何回もやり直しをすることがあります。

ホームページは〝ぱっと見〟の印象が重要

一般的に、詳細な説明などが記載されているページを除けば、数十分間もひとつのページをずっと見ているユーザーはほとんどいません。

ホームページに大切なのは、**「見てみようかなぁ」**という最初の印象であって、細部の詳細ではありません。

したがって、ぱっと見て**「なかなかいいなぁ」**と感じることができたなら、デザインの細部にあまり気をとられる必要はないように思います。

詳細のデザインを何度も制作会社に直させれば、作業費を請求されることもあると思いますし、費用を取られないにしてもデザインの詳細に気を遣って作業するあまり、肝心なページ構成や提案作業が手薄になってしまうかもしれません。

それに、デザインの細部が後々気になったとしても、ホームページは更新していくものですから、その都度直していけばいいだけのことなのです。

Point!

ホームページは最初の第一印象が重要。細部のデザインにあまり気をとられないようにしよう。

30 ホームページから問い合わせを受けた後の実務の流れを事前に確認しておく

ホームページ上のことに気をとられすぎてはいけない

実際にクライアントのホームページ制作をさせていただいた後、運用を開始してから問題になることがあります。

それは、**ホームページ上でのユーザーの流れに気をとられるあまり、その先のビジネスに関することがおざなりになってしまう**ことです。

たとえば、ホームページ制作時に仮定した流れ（シナリオ）に沿って、ホームページ上のゴールである、問い合わせや申し込みなどが順次進んでいるのにも関わらず、問い合わせに対応する人が決まっておらず、問い合わせが来てから2日も経ってから返信をしていたり、商品に興味を持ったユーザーから資料請求をいただいたのに関わらず、その資料を用意していなかったり、あるいはそれがユーザーにとって満足を得られるようなものでないことが非常に多いのです。

中小企業の場合、ヒト・モノ・カネが限られているなかでビジネスを行っているため、このあたりがおざなりになってしまっているケースが残念ながら非常に多いのです。

貴重な問い合わせを無駄にしないために

大企業と比べて、ユーザーを獲得することが難しい中小企業にとって、1件の問い合わせの重さを考えると、非常にもったいないことをしていると言わざるを得ません。また、対応が悪いことで、ビジネスチャンスを失ってしまうどころか、悪評さえ立ちかねません。

せっかく時間もコストもかけて集客を行い、ビジネスチャンスを作っているのですから、ホームページの制作を計画した時点で、「**ホームページから来た問い合わせは誰が受けるのか？**」「**資料は万全か？**」「**受注前のシナリオは？**」などは、事前にしっかりと計画と準備を行っておくことが大切です。実際にホームページを公開した後に考えているようでは遅いのです（図表6）。

図表6 問い合わせ後の対応も忘れずに！

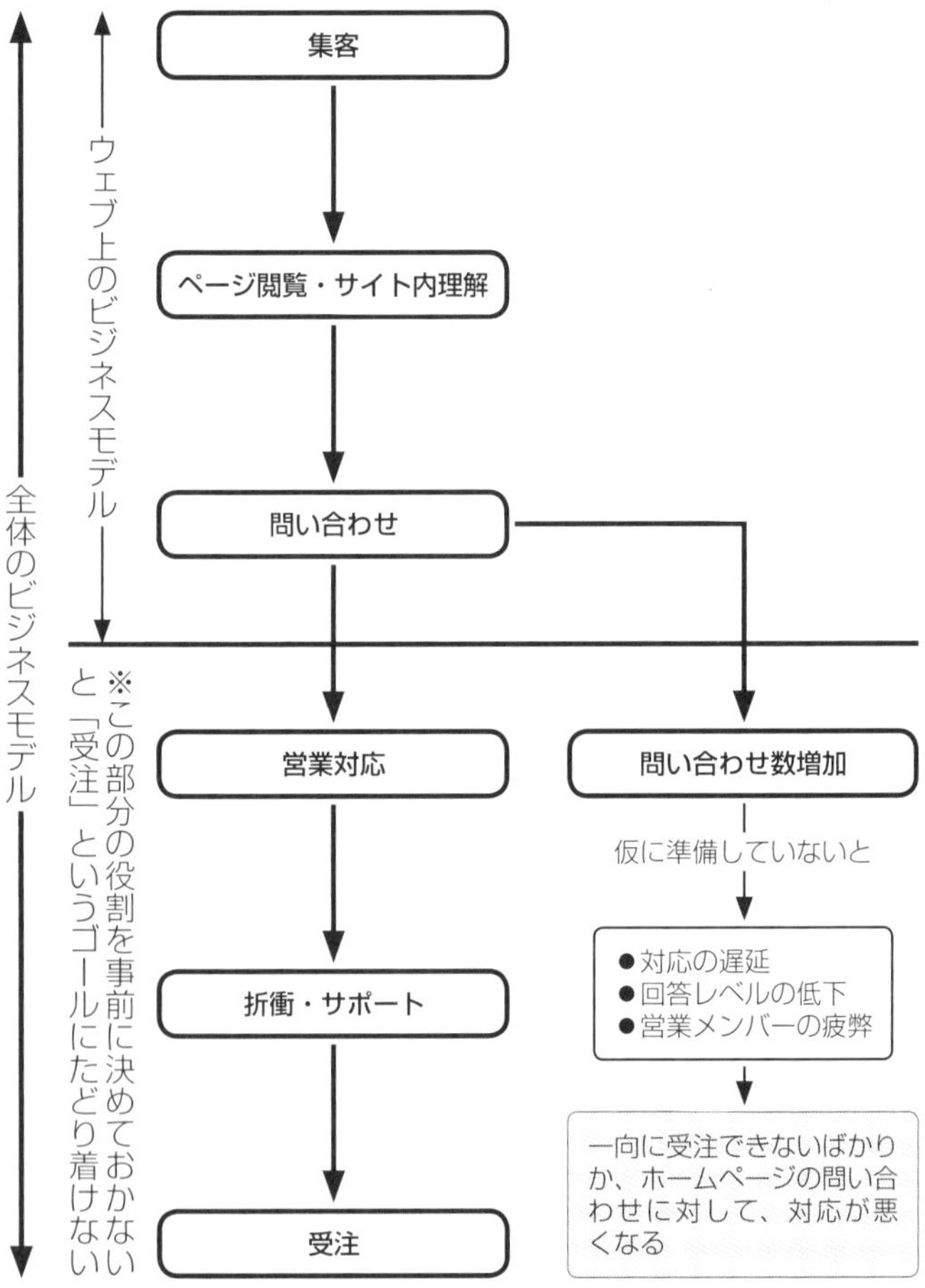
集客
ページ閲覧・サイト内理解
問い合わせ
営業対応
折衝・サポート
受注
問い合わせ数増加
仮に準備していないと
●対応の遅延
●回答レベルの低下
●営業メンバーの疲弊
一向に受注できないばかりか、ホームページの問い合わせに対して、対応が悪くなる
ウェブ上のビジネスモデル
全体のビジネスモデル
※この部分の役割を事前に決めておかないと「受注」というゴールにたどり着けない

ホームページを有効に使うことが、ホームページ上だけのことになってしまわないように注意してください。

Point!

中小企業にとって1件の問い合わせが持つ重みは重要。ホームページリリース後の対応も万全にしよう！

31 ホームページで公開する情報量は適切な量にする

問い合わせを受けるための情報は多すぎてはいけない

ホームページを制作する際に気をつけたいのが、**公開する情報の量**です。

一般的に、中小企業がホームページで目標とするのは、ユーザーから問い合わせをいただいたり、申し込みをいただいたりすることです。

したがって、ホームページを制作する際に公開する情報の適量とは、ユーザーが「**問い合わせしてみたい**」と思う情報量ということになります。

どうしても、あれもこれもと載せたくなる情報ですが、**あまりに多くのことを載せてしまうと、ホームページを見ただけで完結してしまい、ユーザーとの接点を持つことができなくなります**。

中小企業のホームページで多く見られる間違いとしては、製品などのスペックからサポート体制、価格まですべてを載せてしまい、結果として問い合わせが来ないというパターンがあります。あるいは、自社のノウハウなどを記載しすぎて、競合他社のいい参考例になってしまっているホームページも多数見かけます。

ホームページ上で問い合わせをするには、少なくとも名前や連絡先などの個人情報を記載する必要があり、ユーザーにとってはそれなりのハードルです。そのハードルを越えさせるためには、ある種の〝**見返り**〟が必要です。

たとえば、ホームページに記載していない詳細なカタログがもらえるとか、商品の割引券が手に入るとか、より詳しい見積りや提案書をお送りするなどの見返りを用意して問い合わせを得るようにするべきです。

ユーザーが興味を持つ情報を得るには

もちろん、このあたりは営業戦略にも関わることなので、一概に正解の情報量が決まっているわけではありません。たとえば、問い合わせ増を目標にした場合、情報量はやや少なめでもよいと思いますが、申し込みまで得ようと思えば、より安心できる詳細な情報を開示する必要があります。

また、ホームページの情報はユーザーだけでなく、競合他社にも開示されることになります。**ノウハウ的なものを開示すれば、ユーザーには喜んでもらえますが、ライバル会社にはすぐに真似されてしまう危険性もある**ことを常に考えておくことが肝心です。

また、自社のサービスについては、身内のメンバーはもともと詳しいので、第三者的な立場の方々に見ていただき、どんな情報があったら問い合わせしたくなるのかについて、アドバイスをもらうのも非常にいい手段です。

もし、そういった方がいなければ、制作会社のメンバーにその意見を求めましょう。少なくとも制作会社の人間が、クライアントより業界に精通しているとは考えにくいからです。

Point!

ホームページに載せる情報には〝適量〟がある。
情報を出しすぎると、かえって問い合わせが来なくなることも。

32 会社の実態とイメージがかけ離れないようなデザインにする

ホームページを会社の実態より〝盛る〟のは逆効果？

新規にホームページを作成したり、リニューアルしたりする場合、クライアントに希望のデザインのイメージをお聞きすると、「格好いいホームページ」とか「先進的なイメージ」などとお願いされることがあります。

「せっかくコストをかけてホームページを作成する以上、見栄えのいいものにしたい」という気持ちはわかるのですが、「格好いい」や「先進的」を追求する余り、自社の実態とかけ離れたデザインを求めてしまうクライアントがいます。

「小さい（古い）会社だから、せめてホームページぐらいは格好よくしたい」ということでしょうが、その結果、ホームページを見て問い合わせなどをしてきたユーザーを落胆させて逆効果になってしまう場合もあります。

実際のビジネスにおいては、会社が小さいとか古いとかという観点で、仕事の発注先を決めるようなユーザーは、ほとんどいません。

「**自社（自分）にとって有用か否か**」、こういう部分を検討して、ユーザーは仕事を発注します。そして、顔の見えないインターネットだからこそ、ユーザーは「**正確な情報**」を求めます。

ホームページをきれいに着飾ることは、そこに偽りの気持ちがないとしても、ユーザーから見れば「不確実な情報」となってしまう場合があります。

たとえば、すごくメルヘンチックなデザインのケーキ屋のホームページを見て、ユーザーがお店に行ったところ、実際の店舗はまったくそうでなかった場合、ケーキの味に関係なくユーザーは裏切られた気持ちになってしまいます。

会社の実態とあまりにかけ離れたデザインやイメージのホームページを作成することは、一見見栄えがよいページになったとしても、ビジネスにおいてプラスに働く可能性はまずないということを理解してください。

Point!

ホームページのイメージが会社の実態とかけ離れていると、ユーザーの不信感を買うこともあるので注意！

33 紙の会社案内とホームページをリンクさせて効率化する

紙の会社案内の重要性は変わらない

ホームページがなかった時代、顧客に自社の紹介をするときに使われていたのは、紙の「会社案内」でした。

そして、ホームページを作ることが当たり前になった現代であっても、紙の会社案内はなくなりません。特に中小企業にとって、紙の会社案内はまだまだビジネス上重要なものであると言えます。

私もこの点については、まったくもって異論はありません。むしろ、**紙の会社案内はこれからも有効なツール**の1つだと思います。

しかし、ホームページと紙の会社案内をほぼ同様の内容にして、それぞれにコストをかけることは非常にもったいないと言えます。むしろ、**会社案内とホームページをうまくリンクさせて利用する**ことを考えていきましょう。

一般的な会社案内には、「取り扱い製品一覧」や「会社沿革」「組織図」「拠点一覧」など、事業を進めていく上で内容が変わっていく事項が多く記載されています。紙の会社案内の場合、内容がひとつでも変わってしまうと、まったく使えなくなってしまうというデメリットがあります。また、内容が変わることを前提に印刷部数を少量にすると1部あたりのコストが高くなってしまいます。こういった経験はどこの会社にもあるのではないでしょうか？

削減できたコストをホームページの更新に回す

一方、ホームページの場合、内容が変わってもすぐに変更できるというメリットがあります。こういった特長を利用して、会社案内にはすぐには変化しない情報（社長挨拶や業務内容、過去の沿革など）を中心に記載し、取り扱い製品や各事業所の情報も紹介程度にとどめておきます。そして、「**詳細につきましてはホームページでご確認ください**」と案内をすることで、紙の会社案内を維持しつつも無駄な経費を削減することができます。仮に今までの会社案内がA4サイズで8

ページだったとすると、それをA4サイズの三つ折にするだけで、1部あたりのコストを8分の1ぐらいに圧縮できるはずです。年間30万円もの会社案内コストがかかっているとすれば、1年間で26万円ちょっとの経費削減になります。

この削減した費用を、ホームページの更新や集客の費用に充てることができれば、より有効なホームページ施策が行えるとともに、無駄な会社案内を破棄したり、古い情報を誤って伝えてしまったりするといったことも減ることでしょう。

それ以外にも、商品やサービス紹介のパンフレットや商品カタログなども同様のスタイルで行うことで、かなりの経費を削減することができるはずです。

中小企業だからこそ、無駄な経費を削減してホームページを有効に活用していくことが重要だと思います。

Point!

紙の会社案内とホームページのそれぞれの長所をうまく組み合わせ、コストを捻出するのも中小企業の腕の見せ所である。

34 「ユーザーが知りたい情報がここにあるのか？」を常に意識する

ホームページはユーザーが自らアクセスする媒体

ホームページにおける関係は、ホームページの発注者（クライアント）と制作者の二者間のものではなく、ホームページの発注者と制作者、そして利用者（ユーザー）の三者間での関係であることを忘れてはいけません。

ホームページを作成するときは、ホームページの利用者が面前にいないため、発注者であるクライアントの伝えたいことだけを前面に押し出した原稿が上がってくることがよくあります。

しかしながら、**ホームページは使用するユーザーにとって常に使いやすいもの（自分にとって役に立つものかどうか）であることがもっとも重要視されなければいけない**ものです。

テレビや新聞広告などはプッシュ型の媒体ですから、「自社の優れた点」や「製品製作までの思い」などを前面に押し出しても人目に触れ、場合によっては興味を抱かせることができるかもしれません。しかし、ホームページは基本的にプル型の媒体ですから、ユーザーが自主的に調べたりリンクをたどってくることで初めてユーザーの目に触れるものです。ユーザーが特に知りたいと思わない情報がページに掲載されていると、移り気なユーザーはすぐに別ページに移動してしまいます。

したがって、ホームページを制作する際は、「**ユーザーが知りたい情報があるか？**」を常に考えながらコンテンツを制作していかなくてはいけません。

ユーザーの一番の関心事は自分へのメリット

たとえば、ある化粧品会社のホームページを制作したとき、商品に関する原稿をお願いしたところ、その化粧品を作ろうと思ったきっかけや研究の際の苦労話などを交えた原稿が上がってきたことがありました。

しかし、結論を先に言うと、多くのユーザーはそのようなことに興味はないのです。どんな特殊な技術が使われていようと、研究者のどんな思いが込められていようと、それは二の次なのです。もちろん、そのようなウンチクを述べたページを作成することは構いませんが、それは最優先の情報ではありません。

ユーザーが真っ先に知りたい情報とは、「**その商品が自分にとって有効かどうか**」です。「一日つけても崩れない」「脅威の美白効果」「2カ月でこれ1本」といったようなキャッチなフレーズとその内容に興味があるのです。

ホームページの内容をよくよく見直してみると、自分本位の原稿になっていることは、実はプロでもよく起こることです。

いつも「**ユーザーの知りたい情報があるのか？**」を考えながら原稿作成をすることで、よいホームページを作成していけると思います。

Point!

ホームページはユーザーが自らアクセスするものなので、ユーザーの欲する情報は何かを常に意識する必要がある。

35 ホームページの情報はなるべく文章で記載する

文章にすることでアピール度が変わってくる

中小企業のホームページを作る場合、制作会社としての悩みの種となるのが、記載原稿の内容が少ないということです。

日々業務に追われている一方、原稿作りなどしたことがないクライアントも多く、たとえばAという商品のページを作成してくださいと依頼されても、写真2〜3点と簡単な説明書などを渡されて、「あとはお任せで」という場合が多いのです。

制作する側からすると、商品の特長などもいまひとつわからないので、結局、いただいた説明書の内容をそのまま記載して終わりとなってしまいます。

しかし、このようなページを作成しても誰もその内容に興味を持ってくれないのが現実です。したがって、**原稿を用意するときは、必ず文章で記載されたものを用意**してください。

どんなに内容が少ない商品であっても、文章にすることでボリュームも増えるはずですし、読みたくなる原稿を用意することができます。

たとえば、ある製品の内容が「充電時間30分」と記載されているのなら、「充電時間は、30分と非常に短いので、仕事の合間にでもすぐに充電することができます。もう電池の持ちを気にする必要はありません」と記載した方が、ボリュームも出せて、かつ読み手にとってもアピールポイントがすぐにわかります。

また文章にすることの長所としては、**検索してアクセスしてくるユーザーのほとんどが、文章で検索する**ということです。

「充電時間」と検索する人よりも、「充電　短い」とか「電池持ち　いい」などと検索する人の方が断然多いので、文章にすることで、より自然に検索キーワードを入れ込むことができます。

Point!

ホームページの情報は文章化したほうがアピール度が高くなるほか、検索対策としても有効である。

36 情報が少ないうちは、ツリー構造にこだわらない

情報が少なければトップページに集中させる！

ホームページを制作する際に、各ページのリンクのつながりを絵にしたものを、**ツリー構造**と呼びます。

一般的なホームページは、トップページを頂点に、その下に各ページがぶら下がっていくので、その形がツリーの形状になっていることから、このように呼ばれています。

一般的にほとんどのサイトがこの構造になるので、ツリー構造自体を否定するわけではないのですが、この形にとらわれすぎて、ホームページを作成するときに「トップページ」があって、その下層に「商品概要」「会社案内」「採用情報」「お問い合わせ」というように先にページの構成を決めてしまってから中ページの制作に入ってしまう場合があります。

しかしこういった作成方法をとった場合、**情報の乏しい中小企業の場合、1ページあたりの中身が薄いスカスカのページができあがってしまう可能性**があります。

大企業と違って主力商品が1つか2つという企業も多いのではないかと思います。その場合、わざわざ「商品概要」や「商品一覧」のページを作成する必要があるでしょうか?

どんなホームページでも基本的にトップページが一番アクセス数があります。1ページ階層が下がるごとに、アクセス数は減少していきます(図表7)。

せっかくアピールしたい商品があるのに、わざわざ別のページを作成する必要があるでしょうか? 商品やサービスが1~2個であれば、トップページに一緒に記載した方がずっと効果が上がると思いませんか? ページの構成を先に決めてしまうと、あとから内容の記載がないというページができあがってしまいます。

ウェブ制作会社の見積りはページ単価になっている

こうしたミスリードが起こる背景には、制作会社側の要因もあります。それは

図表7 ツリー構造

一般的なツリー構造

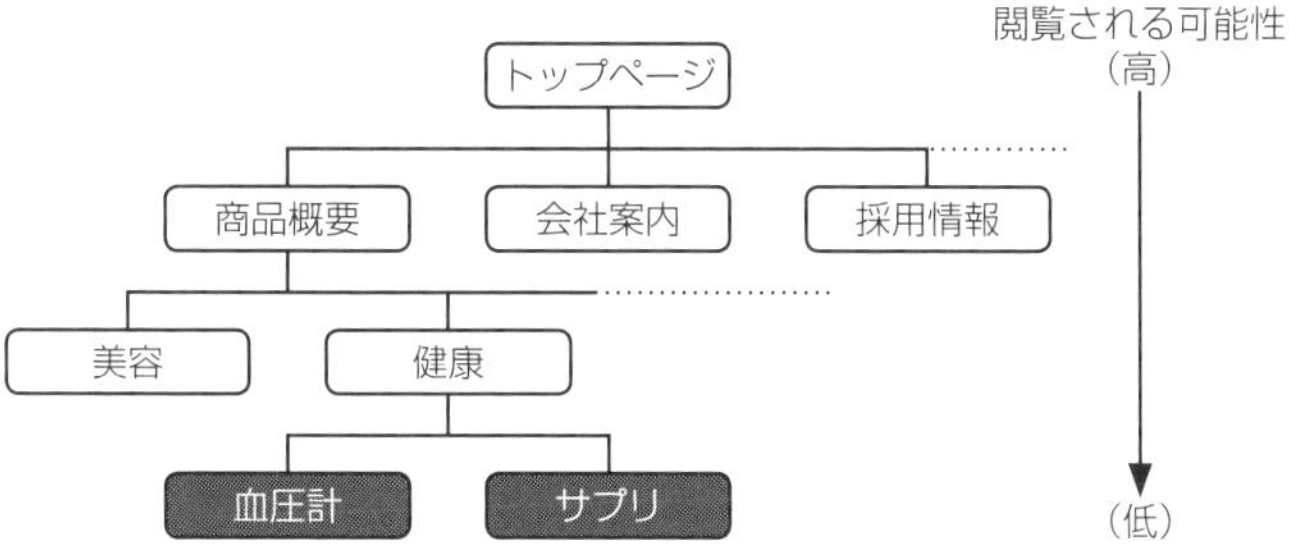

本当に見てほしい「サプリ」「血圧計」のページだが、トップページから4階層目にあるため、トップページに来たユーザーがたどり着く可能性が低くなってしまう。多くの商品があるときはメニューから分類分けしたほうが使う側にとってもよいが、それほど多くない場合は、ツリー構造にこだわらずに制作したほうが閲覧数が伸びる傾向にある。

改善

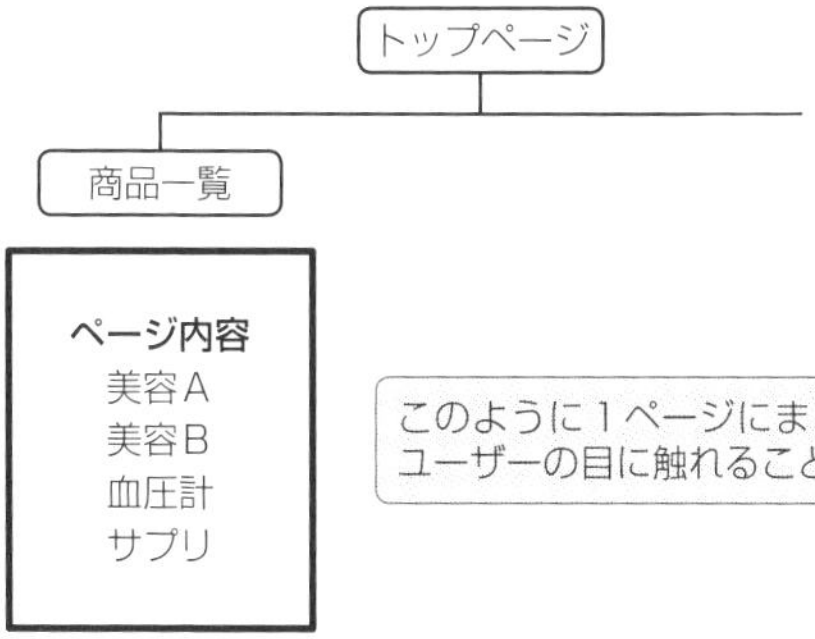

このように1ページにまとめることで、2階層目でユーザーの目に触れることができる

見積りがページごとに行われるからです。

「1ページ2万円」などと換算している会社の場合、ページを分けることでページ数が増えるため、見積り金額を高く提示しやすくなります。

本来は、各ページの作業量で見積りを出すべきなのですが、わかりやすい見積り方法として「ページ単価」という試算が行われてしまうために起こる弊害です。

また、検索エンジンの評価基準として、1サイトのページの量が多い方が優位に働くことも事実ですので、そのあたりを考慮してページをあまり減らさない方向で提案する制作会社もあります。ただし、検索エンジンのために、利用者に使いにくいホームページになっているのであれば本末転倒ですので、やはりトップページに記載する方がよいと思います。

いずれにしても、**闇雲にページを分けるのではなく、同一ページに記載するのも、別ページに分けるのも、それぞれに意味があるは**ずです。しっかり検討した上で、ページ構成を決定するようにしてください。

Point!

ホームページはツリー構造が一般的だが、掲載する情報が少なければこだわる必要はない。

37 ホームページのネタに困ったら、社長をマスコットにする

社長の人柄や姿勢は差別化のポイントになる

ホームページを制作する際には、はじめに自社の他社との強みや弱みの違いを明確化し、自社のアピールポイントを前面に押し出すホームページ施策をしていかなくてはならないことはもうおわかりかと思います。

しかしながら、中小企業の場合、どうしても他社との違いを打ち出せない、もしくは業務的に内容をネット上に記載することができないといった課題にぶつかるケースがあります。

そういった場合、「そもそもホームページが必要なのか？」という話にもなってしまいますが、やはりこのご時世にホームページのひとつも持っていないと信頼に関わるでしょうし、かといって誰も見てくれないようなホームページに少額といえどもお金を使うのはもったいないですよね。

こういった場合の打開策として、「**社長をマスコット**」にするという方法があります。社長をマスコットにするというと、一見ふざけているようですが、そうで

はありません。

もし、商品やサービスが、他社に情報が漏れるなどの要因で、ページ上に明記できない場合（特殊なノウハウなどを必要とする業態）や、商品の差別化が難しい業種（法律で守られている司法関係とか開業医など）の場合、社長（先生）を最大のウリにする方法です。

商品やサービス内容が同一であっても、社長の人柄や仕事に対する姿勢などが細かく載っていると、他社との差別化が図れるはずです。

ネットの世界でも〝人〟に人は集まってくる

インターネットでは問い合わせなどのアクションを起こすまで、基本的に相手に接触することができません。だからこそ、製品やサービス以上に、人や会社に対する不安感を持っています。「いい人だろうか？」「騙されたりしないだろうか？」と。
よって社長を前面に押し出すことで、商品やサービスの内容を詳しく書く以上に、効果的に信頼を得ることができます。
もちろん社長でなくても、社員でも構いません。人を感じるサイトに人は集まってきますし、企業であれば必ず人は働いていますから、ネタに困るということもないはずです。

Point!

差別化で強みを打ち出せない中小企業の場合、経営者を全面に出すことで効果を高めることができる。

第6章
ホームページ制作後の運用とSEO対策

38 ホームページは、完成したページから順次公開する

すべてのページの完成を待てない理由

ホームページを制作していく際、すべてのページが同時にできあがるということは基本的にはありません。

通常はトップページができあがってから、順次、下層のページができあがっていくと思います。

多くの場合、すべてのページが完成してから日時を決めて一斉公開することが多いと思います。しかし、私は**完成したページから順次公開していく**ことをお勧めしています。

大企業の場合、ホームページのリニューアルはビックプロジェクトであり、多くの決裁者の承認なども必要となるので、スケジュールを決めて公開日などを予め決めていることがほとんどだと思います。

また、その公開日に向けて、原稿の用意、写真撮影、画像素材の確定などが細かく決められているので、全ページを確認した後の公開作業でスムーズに進めら

れると思います。

しかしながら、中小企業の場合、専任の担当者を置かずに、他業務との兼任で受け持っている場合がほとんどです。

私の経験上、「社長のごあいさつの原稿をお願いします」と言って、期日までにそれが上がってきたことはほとんどと言っていいほどありません。

そうすると、結局、公開日を決めて作業をすることが逆に負担になってしまいますし、ページが完成しないので、いつまで経ってもホームページが公開できないということになってしまいます。

完成したページから公開していくメリット

そこで、目標としての最終公開日はもちろん決める必要がありますが、完成したページから順次公開していく方が、以下のような点でメリットが高いと思います（図表8）。

メリット1　順次公開することでいろんなデータが取れる

新しいページを公開することで、アクセスログなどから多くのデータを取得することができます。「**新しいトップページが旧トップページと比べてどんな効果をもたらすのか？**」「**制作開始時に立てた目的や目標に沿った形で集客できているか？**」など、多くのことが確認できます。

まとまった傾向を知るためには、1カ月ほどの期間が必要になるため、一部でも公開することで、少しでも早く傾向をつかむことができ、今後の運用や修正方針に活かすことができます。

メリット2　結果的にページ制作のスピードが上がる

これは人間の心理的なものだと思いますが、まだ公開されていないページの原稿や画像をお願いしても、ついつい先延ばしになってしまう傾向にあります。し

図表8 ホームページ公開のやり方

	一般的なやり方	順次公開
トップページ完成		公開 アクセスログを取得することでユーザーのニーズや傾向、求めるページなどのデータが取れる
メニューページ完成		公開 メニューを公開することで、より詳細な傾向を取得。数値によって作成方針の修正やメニューの見直しなどが行える
製品ページ完成	公開 ここからすべてがスタートするので、時間的なロスが多い	公開 すでに多くのデータを取得した上で本公開されているので、集客などのステップを早く行える。サイトの更新やドメインの存在期間も長くなるので、検索サイトからの評価もよくなる

一般的なやり方：内部的には作業が進んでいるが、外部からは何もわからない

順次公開：サイトを作成しながら、運用活用のためのデータも取得できる

かし、ページが順次完成していくと、**「次のページを早く用意しなくてはいけない」**という気持ちになるのと、実際の完成イメージがつかみやすくなるので、結果として原稿や写真などがテンポよく準備できるようになります。

実際、社長の挨拶文をなかなかいただけなかったクライアントのケースで、会社案内のページを先に完成させてアップしたところ、ご自分の挨拶のページが古いままになっているということで、翌朝に原稿をご提出いただけたことが何度もあります。

Point!

中小企業の場合、すべてのページが完成するのを待つのではなく、完成したページから公開した方がメリットがある。

39 なるべく多くのメディアと連携してアクセスを増やす

あらゆるものをホームページとリンクさせる

中小企業の場合、大企業と比べてもっとも弱い部分が「**集客力**」です。大企業のような知名度がなく、露出を高めるための広告予算もあまり使えないので、ユーザー側からアクションを起こしてもらわないといけないウェブにおいては、非常に不利と言わざるを得ません。

したがって、少しでもユーザーを取り込む可能性を広げるための施策として、**1つでも多くのメディアと連携することが重要**になってきます。

メディアというと、テレビやラジオなどのマスメディアを想像してしまいますが、会社から情報発信しているものはすべてメディアです。

たとえば、紙の会社案内や商品パンフレットにホームページへ誘導する内容を掲載してもいいでしょう。名刺にもホームページのアドレスを掲載できますし、顧客に渡す提案資料や年末年始のご案内、カレンダーなど、**1つでも多くのメディアにホームページへの誘導を記載**しましょう。

会社案内や名刺はよく見かけますが、提案資料や年賀状などには意外と記載がなかったりします。

ちりも積もれば山となる

また、ただ単に「ホームページはこちら」とするのではなく、**「事例など多数掲載！　詳しくはホームページを見て」**など、より効果的な誘導に切り換えることで、少しでも集客を上げるようにします。

そんなことをしても、せいぜい月に30人ぐらいしかアクセス数が増えないと思われるかもしれませんが、30人が平均3ページ見たとしたら90ページものビューが底上げされることになります。

全体数から見れば数パーセントかもしれませんが、多くの中小企業にとっては、この数パーセントの数字さえ確保するのが難しい状況です。ちりも積もれば山となる。ぜひ実践してみてください。

またメディアと連携することで、いろいろな媒体からニーズの異なるユーザーを獲得できます。

それによって**サイト改善に必要な基礎データを集める**のにも一役買うことができます。


Point!


中小企業にとってホームページ運用のネックは「集客力」。

あらゆる機会やモノをホームページとリンクさせよう。

40 ウェブのトレンドにこだわるよりも、わかりやすさを優先する

インターネットの世界は日進月歩だが……

「インターネットの技術」と聞いて、日進月歩の技術革新が行われているのではないかと思っている人も多いのではないでしょうか？

確かにホームページをはじめとするインターネットを取り巻く環境においては、次から次へと新しい技術が生まれていることは確かで、その技術や新しい理論によって、トレンドが生まれてきていることは事実です。

実際、一部のウェブサイトは、目新しい表現方法を用いた斬新なページで話題になっているものもあります。

制作会社においても、こういった新しい技術や理論を取り入れたホームページ制作を行うことで、より高い付加価値をつけて制作単価を高くしたり競争力を高めたりしようとしています。

しかし、多くの中小企業にとって、このような最新のトレンドや技術を取り入れることにどれほどのメリットがあるでしょうか？　正直言ってほとんどないで

しょう。

最先端技術よりも大切なこと

中小企業のホームページにとって重要なのは、目新しさや斬新さよりも、正しい情報をわかりやすく表現することです。この正しい情報をわかりやすく表現することは、すでにウェブの世界では確立されている技術であり、トレンドとは無縁だからです。

たとえば、以前すべてのページをFlashという技術を用いて、従来のホームページよりも動きのあるダイナミックなホームページを制作することが流行った時期がありました。以前といってもたかだか数年前の話です。

しかし、今日では、すべてFlashでできたホームページなんて、一部の明確な目的を持ったページを除いて、逆に古めかしいサイトになってしまいました。正直、少し恥ずかしいぐらいです。

しかし、それ以前からあった、一般的な手法で作成されたホームページはしっかりとメンテナンスされていれば、そのようなことにはなっていません。

技術に頼らず、内容に凝れ、トレンドに流されるとお金ばかりがかかります。

Point!

中小企業にとって、インターネットの最新トレンドをホームページで活用することは、決して重要ではない。

41 Facebookをビジネスで利用する場合に注意すべきこと

Facebookとは

最近、SNS（ソーシャル・ネットワーキング・サイト）サービスとして人気のあるものに、**Facebook**があります。

普段SNSはあまり使わないという方でも、「Facebookのアカウントを作り、一度くらいは「いいね」をしたことがあるのではないかと思います。

このSNSを個人間のコミュニケーションだけでなく、ビジネスに活用しようなどという書籍も多数販売されています。

Facebookは基本的に無料で使うことができる上、手軽に情報をネット上で配信できるツールであるため、非常に有用なツールであることは間違いありません。

しかし、**中小企業がビジネスで利用するためには、それなりのハードルがある**ことを理解してから使った方がよいと思います。

Facebookは、基本的に実名登録で利用し、自分が書いた記事が他のユーザーにとって有用だと思われると、その記事に対して「いいね」というボタンを押してもらう行為によって、その記事が「いいね」を押したユーザーの友達にまた配信されるという仕組みです。自社の配信したい情報を、多数のユーザーに広めることができる仕組みとしては、非常に有効なサービスです。

Facebookをビジネスで使う場合の問題点

しかし、これをビジネスレベルで考えた場合、いくつかの問題点があります。

まず第一に、**ユーザーにとって有用な情報を流さなければいけない**という点です。個人のレベルであれば、楽しいイベントや出来事など興味のある内容を記載しているだけでも問題ありませんが、法人の場合、**「本当に有用な情報が流せるか？」**ということになります。

イベントやセールを行うショップなどではいいでしょうが、製造業などがFacebookを始めると、結局何も発信する情報がないということになり、はじめのうちは「工場敷地内の花が咲きました」とか、「だんだん暖かくなってきました」とか書いていても、その後が続かずに、いつの間にか半年以上も放置されるということが起きてしまいます。

そして第二に、この放置された状態が単純に効果のないだけならいいのですが、Facebookを見たユーザーからは、「この会社は中身がないなぁ」とか「半年も放置していないなんて管理ができていないなぁ」などと**悪評をばらまく結果になってしまう**ということです。

そして、意外と盲点になるのが、Facebookには「友達」という機能がついていることです。もし、取引先の方から友達申請が来てしまったら、断りたくても断ることができません。そして、友達になってしまうと、**自分と自社の交友関係がすべて相手にわかってしまう危険性**があります。

正しく理解してFacebookをコントロールできるのであれば問題ありませんが、安易な気持ちで始めてしまうと、結果、取引先をとられてしまうことにもつながりかねません。**Facebookを使うなら、正しい知識と続ける自信がなければお勧**

めすることができません。

もし、自信はあまりないがFacebookに挑戦したいというのであれば、信頼できる制作会社に概要を説明してもらってから行うか、Facebookの機能や役割を十分に理解してから始めるようにしましょう。思わぬところで個人情報がダダ漏れしていたなんてことにもなりかねません。

Point!

Facebookはコミュニケーションツールとしては便利だが、ビジネスで使用する際に気をつけなくてはならない問題がある。

42 激増するスマホ経由のアクセスとスマホ用サイト制作の是非

スマホサイト制作は費用対効果で考える

これからホームページを作成したりリニューアルしようとする場合、必ず出てくる問題の1つが「**スマートフォン（以下、スマホ）に対応するか？**」ということです。

今や業界によっては、ホームページのアクセスの80％以上がスマホ経由ということも珍しくなくなってきており、今後その流れはますます加速していくと思われます。

では、「スマホサイトを制作したほうがいいですね」という話になっていくのですが、中小企業の場合、一概には判断できません。

もちろん、あった方がいいのは間違いないのですが、問題は「**費用対効果が得られるか？**」ということです。

制作会社側からすれば、PC用のサイトだけを制作する場合に比べて受注金額が増えますし、最近では個別にページを制作するのではなく、PCサイトとスマホサイトを1つのサイトで表示できるようにした「**レスポンシブ・デザイン**」という手法でページを制作することをアピールしている会社もあります。

しかし、いずれの場合もコストがかかり、それは発注者が負担します。

法人向けサービスの企業ならスマホサイトは不要

現状では、スマホサイトを活用しているのは個人の割合が多いと思います。したがって、**自社が個人ユーザー向けの商品やサービスを取り扱っているのであれば、スマホサイトは制作した方がよい**と思います。しかし、**主に法人向けのビジネスを行っている場合なら、スマホサイトを制作してもあまり役に立たない**可能性があります。

さらに、ユーザーが外出先から各拠点の場所や電話番号を調べたいなどの目的でスマホからアクセスすることが多い場合もあります。その場合、会社案内や事業所案内のページだけスマホ対応のページを用意することで解決できることもあります。

また、前述のレスポンシブ・デザインの場合、同じページを2つ作成しなくてもよい分、コストが抑えられるように思われますが、同じ画面内容をサイズの異なる端末で表示させるためにデザインにはどうしても制約が発生しますし、表示側の調整が複雑になるため、制作コストもそれほど安くはならないのが現状です。

ホームページの役割やターゲットユーザーなどをしっかりと見定めた上で、スマホサイトを作るのか作らないのか、作るのであれば、全ページなのか、一部のページなのかをきちんと見定めることで各企業のビジネスモデルに合った無駄のないホームページ制作を行いましょう。

Point!

スマホへの対応は世の流れだが、実際に制作するかどうかは、自社のビジネスや顧客を見て考えるべきである。

43 中小企業にとってのSEO対策の是非

作為的なSEO対策に意味はない？

ホームページの制作を「目標」や「目的」にしてしまうと、残念ながらその時点で、失敗に向かっていると思ってください。

ウェブ業界は第1章に書いたような特異な状況に置かれている業界であることを理解し、**良質な制作会社を選び、うまくつきあっていくことができればホームページの施策はほぼ成功すると言っても間違いではありません**。

ホームページを制作するのではなく、「**ホームページを活用するためにどんなことをやらなければいけないのか？**」という話をする際に、「**SEO**」を避けることはできません。

SEOとは、Search Engine Optimazation の略語で、特定の検索エンジンを対象に、自社のホームページが検索結果の上位に表示されるようにする施策のことを言います。

私は作為的に検索エンジンの順位を上げるSEO対策については、正直あまりよくは思っていません。ウェブの検索エンジンの基本概念は、検索した人にとって、少しでも有効なホームページに早くたどり着けることです。それはページの構成や内容要素によって純粋に判断されるべきものであって、作為的に検索エンジン対策をすることは、あまり関連性のないキーワードであっても上位表示することになり、ユーザーにとっても、企業にとってもあまりよい状況とは言えません。

たとえば、もしあなたが「ボールペン」を検索したのにも関わらず、「マジック」しか扱っていない企業のページが検索結果として表示された場合、「なんだ、この会社」と思いますよね？　少なくともよい印象は持たないはずですので、作為的にアクセスを上げたとしても結果がいいとは限らないのです。

しかし、せっかく作成したホームページなのですから、少しでも多くのユーザーに見てもらい、ビジネスチャンスを広げたいと考えるのは当たり前のことと言えます。ライバル会社も行っているでしょうから、ビジネス的にはきれいごとは言っていられません。

SEOとは?

そこで、中小企業における検索エンジン対策についてお話したいと思います。まず、簡単に「検索エンジン対策」と言っていますが、今はいろいろな方法がありますし、単純に検索エンジンで上位表示されることだけを言わなくなりました。

ウェブの業者はアクセスを向上させることを総称してSEOという言葉で説明してきますが、以前は**内部施策として行うSEO**（検索エンジンに正しくページ内容を理解してもらうために、関連するキーワードを埋め込んだり、よりわかりやすいソースコードにすること）と、**外部施策として行うSEO**（複数のサイトにリンクを貼ってもらうバックリンク施策や、検索エンジンに定期的にサイトの存在を登録する作業など）の総称でした。

今では、お金を払って検索サイトに登録する作業の総称である**SEM**（Search Engine Marketing リスティング広告と呼ばれる特定のキーワードをお金で買って、そのキーワードが検索された際に広告エリアに表示してもらう施策や、関連するキーワードが検索された際に、一緒に表示してもらうものなど）も含め、すべての施策をまとめて、ＳＥＯ対策などと言ったりします。

正直、言葉の意味などあまり重要ではないので、総称してサイトに少しでも多くのユーザーを連れてくるための施策と考えれば、問題ありません。

ＳＥＯにおける内部施策と外部施策

まずサイトの制作段階で実施できる内部施策として行うＳＥＯとして、内部のソースコードを整理したり、キーワードを埋め込んだりする作業について説明します。こちらはまともな制作会社に依頼をしたのであれば、特に何も言わなくても普通は対策してくれているはずです。心配であれば、一度聞いてみてください。

内部施策をしないでウェブページを制作するのは、個人でやっているような人を除けばほとんど聞いたことがありませんので、この作業をＳＥＯと呼ぶ時代は終わりました。ほとんどすべての有用サイトでは行っているので、こちらを実施して順位が上がるなどということは期待しないでください。やっていて当たり前の作業です（やれてなければ当然順位は下がりますが）。

次に外部施策ですが、バックリンク施策などをウリにしている業者はだいぶ減ったかと思います。**基本的に作為的に外部リンクを受けることは、Yahoo と Google どちらの検索エンジンでも「スパム行為」とみなされており、禁止事項になっています**。

もし発覚した場合は、最悪検索エンジンに一切表示されなくなるペナルティーを受けることもありますので、絶対に安易に行わないでください。

しかし、残念ながらそういったことでも平気で行ってしまう業者がいることは事実です。

中小企業にとっての有料広告施策

そして今、検索エンジン対策として標準的なものが、リスティング広告に代表される**有料広告施策**です。さらにその方法や条件によって、さまざまな分類がありますが、料金を支払って検索順位を改善するといった点については基本的に同様です。

この**リスティング広告については、中小企業は非常に不利な状況にある**と言うことをまずは理解してください。

月に10万円以下の費用で行うのであれば、ご自身で行うか、やらないことをお勧めします。

大企業などは、月間数百万円の費用を投じて広告を出していることも珍しくありません。まったく同じ土俵で戦うのであれば、あなたの出す10万円程度の費用では正直太刀打ちできないでしょう。それを業者に依頼すること自体、意味がありません。

では10万円の費用では効果が上がらないかといったら、それはノーです。ご自身で**しっかりと計画を立てて設定をすれば効果を上げることが可能**です。

そのためのキーワードが「**絞り込む**」ということです。

仮に旅行代理店を例に挙げてみます。「ハワイ　旅行」などのキーワードは大手旅行会社に大金で買われているでしょうから、ここにコストをかけることは得策ではありません。では「ハワイ　旅行　オアフ」とするとどうでしょうか?

「オアフ」というキーワードが入ったことで、オアフ島まで入れないと表示されない代わりに、ライバルも減ることになります。もし、あなたの会社のツアーにオアフ島でのパラセーリングがあるのであれば、「ハワイ　旅行　オアフ　パラセーリング」というキーワードに絞り込めば、ますますライバルが少なくなることになります。

こうして**自社の強みをしっかりと分析し、確実にユーザーになっていただける方に的確なキーワードで広告を出せば、少ない費用でも十分に効果を上げることが可能**になります。

広告出稿のやり方は非常に簡単ですし、書店にも関連書籍が多数置かれていますので、ぜひご自身で行うことをお勧めいたします。

業者に頼まずに自社でやったほうがいいケース

ではなぜ、10万円の費用の場合、業者にお願いしない方がいいのでしょうか？

それは**リスティングに始まる広告出稿のコントロールは非常に複雑な作業**だからです。広告出稿すること自体は非常に簡単なのですが、本当に少しでも効果を上げようと思ったら、それこそ非常に複雑な設定やコントロールをしていく必要があります。他社との入札制のため、それこそ毎日のように状況と数値を確認し設定をコントロールする必要があるのです。それほどの作業を行って、はじめて効果が上がるリスティング施策を行えると言えるのです。

では仮に10万円の費用を外部業者に依託したとして、その管理費用が10％だった場合、1万円ということになります。1カ月1万円の費用で前記のような作業を果たして業者が行ってくれるでしょうか？　もしあなたが受ける側だったらやりますか？　きっとやらないと思います。

管理費1万円で行える範囲だったら、せいぜいキーワードの設定程度だと思いませんか？　つまり、自分で行える範囲とほとんど変わりがありません。

それなら自分で行うことで、広告費用を1万円余分に使った方が少しでも効果を得られるはずです。

私の感覚では、本格的にリスティング施策を1カ月実施するためには最低でも6万円程度の管理費が必要です。

安価な費用でリスティング設定を請け負う会社では、ほとんど効果が上がらないと断言できますので、それならご自身で行った方がいいと思いませんか？

逆に10万円以上のコストをかけるのであれば、きちんとした業者にお願いしていく方がよいと思います。なぜなら、**多額の広告費を使うということは、それだけ無駄に広告を表示させるだけになってしまう可能性が高くなってしまうので、**

管理費を払っても、きちんと広告管理をしてもらった方が、実質的な効果が期待できるからです。

仮に管理費を10万円払ってでも、本当にしっかりと調整されたリスティング施策を実施すれば、広告費30万円で実際に問い合わせされる数はキーワードと広告を設定し40万円の広告費をただ使った場合よりも確実に多くなります。

SEO業者の見極め方

検索エンジン対策（SEO）を勧めてくる業者については、内容をしっかりと確認することです。ホームページを開設すると、ほぼ100％の確率で、いわゆる「SEO業者」から「ホームページ、効果出ていますか?」「うちでSEO対策をすると効果が出ますよ」という内容の電話がかかってきます。

通常、電話営業の場合、あの手この手で情報を聞き出しながら営業トークを組み立てて、アポイントまで持っていくのですが、ホームページの場合、24時間世界中に向けて、会社名と問い合わせ先、しかも対象となるホームページの内容まで公開しているわけですから、業者からした場合、こんなにお手軽な営業はありません。

新着情報の最終更新日が1年も前なら、「うまく活用できていないのではないですか？」と言えばいいわけですし、対象となるキーワードで検索してみれば、そのホームページの検索順位もわかるので、「なになにのキーワードで上記表示できていないので、取りこぼししていますよ」と簡単に営業をかけることができます。

しかし、重要なことは「**費用に対して効果が上がるかどうか？**」ということです。

SEO対策をすると言う会社は、いったいどんなことをしてくれるのか？　**内容についてきちんと確認**しましょう。

まずは、先ほどの事例で「ハワイ　旅行」で検索順位が上がりますよと言う会社は、まずダメな会社でしょう。先ほど記載したようにこのようにライバルが多数いるキーワードで順位が上がるというのは、ほとんど意味がありません。

1ページ目に表示できるのであればいいのですが、このようなキーワードで中小企業が1ページ目に表示されることはありえません。30位が27位になっても効果が上がるとは思えません。

次に、**効果を保証する会社を信用してはいけません**。

SEOの結果については、あくまでも外部との相対的な要素で決まることがほとんどです。他社もSEO対策を実施している以上、確実に1ページ目に表示できるということを保証できるはずがありません。

また、「うちは大手なので」とか「特別な代理店なので」と言うところはますます怪しいです。Yahoo!もGoogleも検索エンジンの評価ロジックを公開していませんし、特別な代理店というのも存在しません。

では、どんなSEO業者ならいいのでしょうか? **まずクライアントの業務内容をしっかりと把握してくれていること、そして何が強みで何が弱みかを正しく理解した上で、その強みを活かすような施策を提案してくれる業者**です。

たとえば、群馬県でガラス製品を扱っている会社であれば、ガラス製品を扱っている会社は多数ありますが、ビールグラスに特化したページを持っている会社はあまりありません。

そこで、「『群馬』という地名と『ビールグラス』のキーワードであれば、比較的ライバルが少ない上に月間○○件ほどの検索が見込まれます。そこで、こちらで広告施策をすることで月間○○件の問い合わせ、受注を目指しませんか?」と言う会社であれば大変信用できます。

効果を上げるためには、お金をかけて広告を出してアクセス数を稼ぐだけではだめです。しっかりとあなたの会社を見てくれる業者にお願いしましょう。

Point!

現在では常識化されているSEO対策だが、費用対効果をしっかり考えて実施すべきである。

44 SEO対策は効果的に行うことで比較的早く効果が得られるが万能ではない

SEO効果が次第に薄れていく理由

ホームページを開設した後に、毎月業者に費用を払っているから問題がないと考えている企業が結構多いように思います。

しかし、SEOを業者にお願いしているだけでは、**最初のうちは効果が上がっていても、だんだんと効果が上がらなくなってきてしまいます**。ですから、業者にお願いして安心していると思わぬ落とし穴にはまることがあります。

では、なぜ、だんだんと効果が上がらなくなってしまうのでしょうか？

その理由は単純です。

みなさんがSEOを判断する場合、Yahoo! かGoogleでの検索エンジンの順位を期待していると思います。日本の検索エンジンの90％以上が、この2社の検索システムで占められているので当たり前と言えば当たり前です。しかも現在Yahoo! は基本的にはGoogleの検索ロジックを利用しているので、事実上ひとつの検索エンジンでの順位を競っていることになります。

俗にいう「SEO業者」というのは、SEOを請け負うことでビジネスをしているので、もちろん限られた会社ではなく、1つでも多くの業者に営業をかけることになります。

仮に「東京　エステ」というキーワードでSEOを行うノウハウを持っているとして、この会社は、東京にあるエステ店すべてに営業をかけることになります。

そして顧客に今なら月3万円で「東京　エステ」というキーワードでSEOを実施すると言って、SEO対策作業を開始します（実際にどのような作業をするのかは各業者によっても異なりますので、ここでは割愛します）。その対策がうまく行った場合、最初のうちは効果が上がって順位が上がります。

しかし、**1社の順位が上がるということは、他社のどこかの順位が下がる**ということを意味します。そうすれば順位が下がった他社もSEO対策を実施してきますし、場合によっては、今あなたの会社がお願いしている同じ業者にSEOを依頼するかもしれません。

SEO業者が「すでに同業のお客様がいますので」と断ってくれると思ったら

大間違いです。同じ業種のノウハウがあるので、「弊社には同じような業種の実績がありまして」とむしろ進んで営業することでしょう。

もし、同業他社も行うことになった場合、同じ対策を同時に行うことになります。よって結果的に始めは効果が上がっていても、そのうち効果が上がらなくなってしまいます。

業者のSEOは不毛な戦い？

重要なのは、各キーワードによる検索結果の1位は1社しかないということです。**どこかが上がれば、どこかが下がる**ということです。

効果が上がらなくなってくると、SEO業者は、「ライバルが増えましたので、追加の作業を行うことで順位を上げられますよ」と持ちかけてきます。

始め3万円だった施策費用が5万円になり、次に10万円になり、その都度、同様に他社にも営業をかけていきます。結局、セリと同じで、価格はどんどん高くなっていきます。

資金力に自信があれば、この不毛な戦いを制して、効果を上げ続けることも可能でしょうが、果たして行き着く先に費用に見合っただけの効果が得られるのでしょうか？

業者の行うＳＥＯは劇薬と一緒です。**瞬発力はある程度期待できますが、持続性は期待できません**。

ではどうすればいいのでしょうか？

検索エンジンの順位を決める要素は、なにも外部施策などＳＥＯ業者が行うことだけではありません。「よりユーザーに支持されるページなのか？」「キーワードは適正か？」「きちんと更新されているか？」、**結局日々の更新作業に勝るものはありません**。

しかも、この努力は他社がマネをしようと思ってもすぐにできるものではありません。業者によるＳＥＯ対策をうまく利用することも大切ですが、結局**ホーム**

ページの更新作業を継続的に行うことがもっとも大切であるということを知っておいてください。

Point!

業者が行うＳＥＯ対策の効果は持続しない。
ホームページの継続的な更新作業に勝るものはない。

45 SEO対策を業者にお願いする場合は、ある程度の期間と費用を想定しておく

期間から見たSEO対策

業者にSEO対策をお願いする際には、**ある程度の期間と費用を始めから想定しておくことが非常に重要**です。

SEOにつきましては、他社との相対性もあることから、事実上〝みずもの〟の作業になります。もちろん、どの業者も積み重ねた経験と実績をもって、少しでも効果が上がるように努力はしますが、簡単に効果が上がる場合もあれば、なかなか予定通りに行かない場合もあるというのが事実です。

まともなSEO業者ほど、この点についてはしっかりと説明をしてくれるはずです。電話一本ですぐに対策できますよと言う会社は、必ずと言っていいほど後でユーザーともめていますので、確実に断りましょう。

また、SEO対策には「タイムラグ」が存在します。対策を実施しても、それが検索エンジンに認知されて検索順位に影響を及ぼすのに時間がかかりますし、検索順位が上がった後で、実際に問い合わせ数が増えたり、注文数の向上を実感

できるのは、さらに先になります。

SEO対策は最善の策を尽くすけれども、結局は試行錯誤の連続になりますので、どの施策がうまく行っているのか見極めるのにも時間がかかります。

よって、今月やりましたが効果が上がらなかったのでやめる、というのであれば、はじめからやらない方がいいでしょう。私の経験で言えば、**最低でも3カ月間は試行錯誤して結果を見極める必要性がある**と思います。

コストから見たSEO対策

また、コストの面でも、広告費を3万円でスタートしたのに、やっぱり不足しているので5万円にアップしましょうというのはよくある話です。

効果が上がらなければいけませんので、広告コストが不足しているであれば増額したいというのが業者の気持ちです。

しかし、アクセス数アップが目的ではなく、あくまで問い合わせや注文数などの向上が目的である場合、そもそも費用対効果が上がるのかどうかが重要です。アクセス数がアップしないから、広告費を追加するというのでは、結局お金を払った、アクセス数が増えた、問い合わせはいっこうに増えないといった最悪の事態になることが想定されます。そうした状況にならないためにも、月5万円を12カ月といった具合に最初に費用とコストを決めておきましょう。

できれば、**業者にもその旨を伝えた方がいい**と思います。そうすれば、無理なアクセス数アップに走らずに、きっちり効果が上がる施策をしてくれるはずです。

もし、費用を増額するのであっても、今までの対策の結果報告があり、その数値を元に費用を増額すると、アプローチできる数がどのくらい増え、その結果、どの程度の効果（問い合わせ数や注文数）が見込めるのか、きちんと指針が示されてからお願いするべきです。

このアプローチをおろそかにしてしまうことで、結果、SEO業者ともめてしまう会社が後を絶ちませんので、しっかりと計画を立てて行いましょう。

Point!

ＳＥＯ対策は時間とコストの両面から考えていかないと、業者とのトラブルの元となる。

46 スピードは中小企業の最大の武器

「インターネット＝中小企業の武器」ではなくなった

ホームページ施策において、大企業に比べて、中小企業は集客力をはじめ、いろいろな部分で不利な状況にあるということはこれまでお話してきたとおりです。

昔はインターネットを利用している会社とそうでない会社があったり、技術的にも流動的な部分があったため、いち早くネット上でビジネスを展開した会社が、「中小企業でも大企業に勝てる」とか、「地域に関係なく全国のお客さんを相手にできる可能性が高い」などと言われていた時代がありました。

残念ながらいまだにこういった考え方で「ホームページを作れば儲かるんでしょう」と安易にページ制作を依頼されるクライアントも少なからずいます。また、そうしたクライアントを相手に、「ホームページで売上倍増ですよ」と安易にホームページ制作を勧める制作会社も多数存在しています。

しかし、現在ではまともなビジネスをしている会社なら、ほぼ100％ホームページを持っています。また、ネット市場もすでに成熟しており、現在では広告費用など一定のコストをかけなければ露出させることさえ難しい時代になりました。

また、中小企業でも大企業に勝てると言われていたものが、今では中小企業が少しぐらいいいアイデアを出しても、すぐに大企業に真似されるようになりましたし、地域に関係なく全国のユーザーを相手にできるはずが、全国の同業他社すべてがライバル会社になってしまい、熾烈な争いが行われるようになりました。

インターネットだからこそ中小企業の強みを生かせる

したがって、まるで魔法のステッキのようにホームページを作っただけで売上げが増えるといった幻想は捨てて、**インターネット上だからこそ、1つひとつの地味な作業を積み重ねて、ユーザーの信頼を勝ち取っていかなくてはいけない**と考えるべきです。

コストや知名度、ブランド力など、どれをとっても中小企業にとっては厳しい環境ではあるのですが、中小企業が大企業に勝る要素として「**スピード**」があります。

大企業では組織が大きくなって、ウェブへの反映スピードがどうしても遅くなってしまいがちです。また体裁を整えるのに時間がかかり、ページ制作まで時間を要することがあります。

しかし、中小企業は決裁の承認者が少なく、すぐに作業が行えます。**このスピード感こそが中小企業にとっての最大の武器**です。

それなのに、制作会社に見積りをとって、制作依頼をして数カ月後にやっと作業を行っている会社が後を絶ちません。

制作会社と信頼関係を結び、ビジネスのスピード感を一緒に体感してくれるような担当者とホームページの施策を行うことができれば、効果の上がるウェブサイト施策が行えます。

Point!

インターネットは中小企業だけの万能ツールではなくなったが、一方で中小企業の強みである〝スピード〟を最大に生かせるツールである。

おわりに

　今回本書を執筆する機会をいただき、私自身がウェブ業界で実際に経験したことや、クライアントから見たり聞いたりしたことをまとめるよい機会だと思い、作業を進めました。

　普段はお客様先で、お話をさせていだいたり、講演などをさせていただいているのですが、実際に数多くある事例や課題を体系的にまとめながら文章におこすことが予想以上に難しく苦労しました。しかし、編集者をはじめ、多くの方々からご指導やご協力を得ながら、なんとか完成させることができましたことを、この場を借りて感謝申し上げます。

　もはやホームページは、日々の生活で目に触れない日はないほど一般的なものになりました。しかしながら、現実には、多くのホームページ関連書籍は、書店では「技術書、理工書」という専門コーナーに置かれています。私にはこの状況が残念でなりません。使うことが非常に簡単なら、作る方も活用する方も簡単であってしかるべきではないでしょうか？「ホームページはテクニカルなもの、難しいもの」という固定概念が、この業界とお客様のやりとりを難しいものにし、誤解やトラブルを引きおこす原因になっているのではないかと私は思っています。

本書は実際にホームページを作成して運用していくときのポイントだけを取り上げ、みなさんが制作会社とよい関係を築きながらビジネスを進めていけることを念頭に書き上げました。技術的な内容を期待していた方には物足りなかったかもしれません。しかし、ホームページで成功するための要素は、必要にして十分に詰め込んでいます。時間もお金も有効に使ってこそ、中小企業のみなさんがビジネスで活用できるホームページ制作・運用が行えると思います。

本書の執筆にあたり、ご協力いただいた方々に改めて御礼を申し上げます。とりわけ、弊社の掲げる施策に賛同し、お客様によりよいビジネススキームを提供していただいているイメージプレゼント様、アクアウェブ様を始めとする、多くの協力会社様に感謝申し上げます。

最後に、本書を手にとっていただいたみなさまに感謝申し上げます。みなさまがよき制作会社と出会い、正しいホームページ施策を行うことを期待しています。もし、実際に迷うことがあれば、弊社にお気軽にご相談ください。ひとつでも多くの会社様やご担当者様が「ホームページを作ってよかった」「ホームページ担当でよかった」と思えるようにご協力させていただくことができれば幸いに思います。

最後まで読んでいただき、ありがとうございました。

【著者紹介】

平井周平（ひらい・しゅうへい）

1976年愛知県生まれ。1998年システムエンジニアとしてIBM関連IT企業に入社、大手企業の業務系システムの開発に従事。2004年よりウェブ制作会社にてウェブコンサルタントとして実務経験を積み、2005年9月に株式会社アルマジロを設立、現在に至る。当初はウェブデザイン会社としてスタートするが、それまでの業務経験で培ったIT技術を中心とした営業・業務支援コンサルティング及びシステム開発等のワイドな知識を活かしたサービスで定評を得る。クライアントの悩みをヒアリングしていく上で、ウェブの制作よりも運用面でのサポートが望まれていることを痛感し、運用面を中心に組み上げたウェブプラン「プライム」を発表、現在までに170社以上に利用されて、絶大な支持を得ている。2013年からは、個人事業主が多い有能なウェブ制作者が安心して仕事に取り組める仕組み作りとして「CHIENOWA」プロジェクトを展開。業界の発展とクライアントの満足のために日々活動中。

〈会社サイト〉
http://www.armadillo.ne.jp/

EYE LOVE EYE

視覚障害その他の理由で活字のままでこの本を利用出来ない人のために、営利を目的とする場合を除き「録音図書」「点字図書」「拡大図書」等の製作をすることを認めます。その際は著作権者、または、出版社までご連絡ください。

なぜ、9割の会社のホームページは失敗しているのか？

2014年10月2日　初版発行

著　者　平井周平
発行者　野村直克
発行所　総合法令出版株式会社
〒103-0001　東京都中央区日本橋小伝馬町15-18
常和小伝馬町ビル9階
電話03-5623-5121（代）

印刷・製本　中央精版印刷株式会社

落丁・乱丁本はお取替えいたします。
©Shuhei Hirai 2014 Printed in Japan
ISBN 978-4-86280-420-4
総合法令出版ホームページ　http://www.horei.com/

総合法令出版の好評既刊

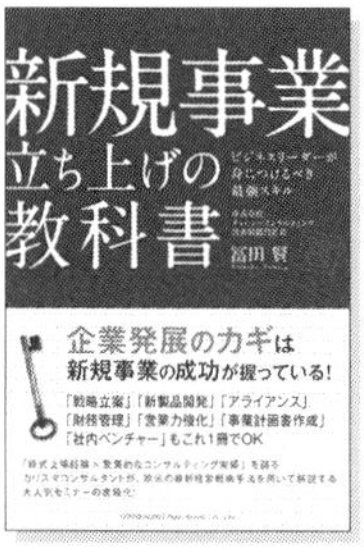

新規事業立ち上げの教科書

冨田 賢著

新規事業の立ち上げは今やビジネスリーダー必須のスキル。東証一部上場企業をはじめ、数多くの企業で、新規事業立ち上げのサポートを行う著者が、新規事業の立ち上げと成功に必要な知識や実践的ノウハウをトータルに解説。

定価(本体1800円+税)

スティーブ・ジョブズがデザインしていた未来

アップル、アマゾン、グーグルが考える新時代のビジネスモデル

川北 蒼著

ウエアラブル、IoT、M2M、テレマティクス……あらゆるモノがインターネットにつながることによって生まれる新しいビジネスチャンスを、国内外の豊富な事例を使って紹介。IT ビジネスの最新トレンドがこの1冊でわかる!

定価(本体1300円+税)

世界の働き方を変えよう

吉田浩一郎著

会社に縛られない新しい働き方「クラウドソーシング」。この分野で日本のトップランナーであるクラウドワークスを創業し、今最も注目される起業家の一人である著者が、創業2年間で業界トップに躍り出るまでの経緯と秘訣を明らかにする。

定価(本体1400円+税)